NF文庫
ノンフィクション

石原莞爾 満州合衆国

国家百年の夢を描いた将軍の真実

早瀬利之

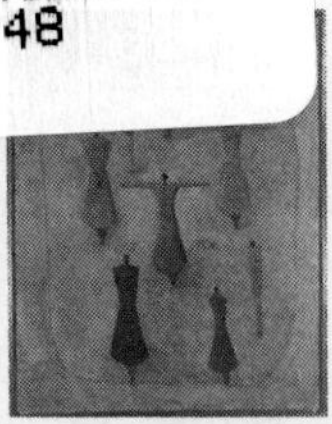

潮書房光人新社

石原莞爾 満州合衆国——目次

第三部　三宅坂の四季

第四部　夢駆ける

石原莞爾 満州合衆国

――国家百年の夢を描いた将軍の真実

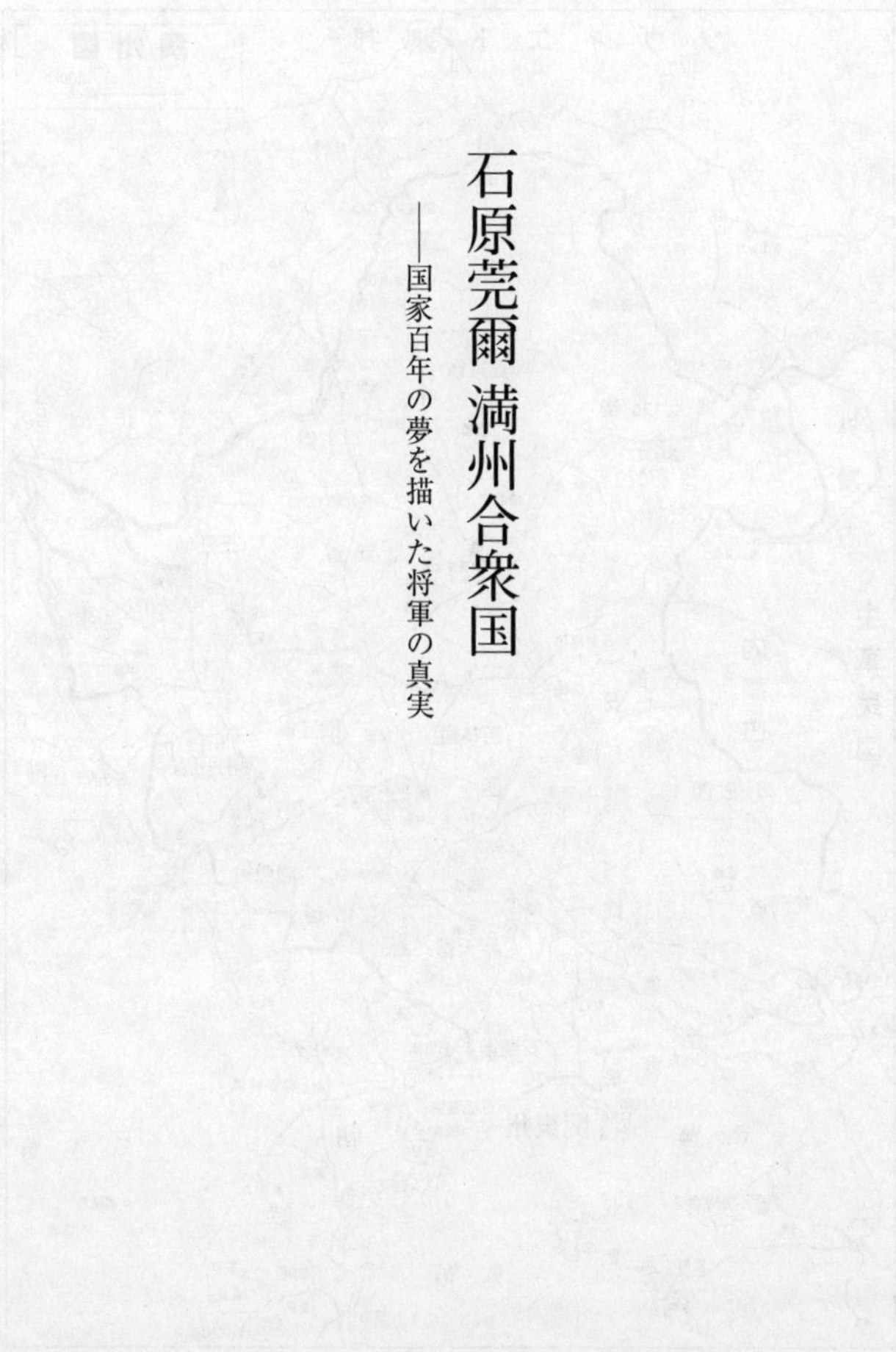

（「大東亜共栄圏地図帖」地図研究所編〈昭和19年発行〉より作製）

プロローグ

敗戦後の昭和二十年（一九四五）、東条英機首相によって軍を追われた石原莞爾は、持病の膀胱ガンと闘いながら、山形県酒田市の砂丘地帯西山で百姓暮らしをしていた。

昭和二十一年春、痛みをこらえて飯田橋の逓信病院に入院、手術したが、それを知ったアメリカの記者たちは入院先の石原の病室に入り込み、取材した。石原莞爾は記者たちを前に、ベッドの上に正座すると、

「原爆を落としたトルーマンこそ最大の戦犯だと言った。すると記者たち全員、そうだそうだ、と喜んで手を叩いた」（看病中だった真山文子談）

また、酒田での極東軍事裁判が終わったあと、UPIとAP通信記者の質問に対して大兵法学者石原は、

「マッカーサー軍政は大失敗。過去の日本軍がやった軍政と、まったく同じことをやっている」

「私が戦争指導をやっていたら、サイパンの防禦《ぼうぎょ》に万全を期し、ボロながらガタガタ飛行機でも何でも利用してレイテを守り、五分五分の持久戦で断じて敗けてはいない。サイパンさえ守り得たなら、日本は東亜の内乱を政治的に解決し、中国に心から謝罪して支那事変を解決する。次に民族の結合力を利用して東亜一丸となることができる」

と語り、外国記者たちを唖然とさせた。

サイパンの要塞化では、昭和十七年（一九四二）の夏、海軍大佐の高松宮殿下に招かれて意見を述べている。皇族と宮中では、陸・海軍からの情報だけでは不充分と見て、鶴岡で百姓の身となった石原莞爾から打開策を聴きとっていた。石原は、その席でこう語っている。

「海軍はガダルカナル島を撤退すべきです。西はビルマ国境からシンガポール、フィリピン、サイパンまで退いて守る。サイパンを難攻不落の要塞化することで、アメリカから本土が守れます。アメリカは攻めてこられないでしょう」

しかし、海軍も陸軍も石原の戦略に耳を貸さなかった。翌十八年（一九四三）四月、山本五十六は米軍機の襲撃を受けて戦死、サイパンも陥落した。

十二月、東条首相は石原を東京に呼び、打開策について意見を求めた。その席で石原は、

「戦争の指導はあなたにはできないことは、最初から分かり切ったことだ。このままで行ったら日本を亡ぼしてしまう。だから、一日も早く総理大臣をやめるべきだ」と厳しく諫言《かんげん》している。しかし、東条は石原の諫言を聞かず、日本はずるずると敗戦に引きずられていった。

「石原が参謀長だったら、日本は敗けていなかったろう」という声がある。それは、サイパ

ンとテニアンを要塞化することで太平洋が守れたことと、ヒットラー不信者だったことにある。

もう一点は、北支も租界地も捨て、全軍を引き揚げて蔣介石に陳謝降伏して満州国を立て直し、民族が協和して「王道楽土」の満州を築き上げていただろうということである。

昭和十六年(一九四一)四月は、石原が師団長をしている第十六師団が第一師団と交替して、満州北部へ移動することになっていた。待ち遠しい交替だった。嬉しさのあまりに、石原は各連隊長や将校を集めて、彼がつくった満州国を元の五族協和の協和(共和)国に戻すため、師団全員の家族ともども、ハルピンを中心とする北満に移住する計画を打ちあけた。

この北満移住の要旨は、つぎのようなものだった。

「師団は北満に適応せる新生活をする。駐屯地を中心として民族協和の実現をはかる。師団は満州に行けば駐屯地の開拓に従事し、一週のうち二日は演習、あとの五日は開拓作業をやる。畑を耕し、乳牛五千頭を飼育する。これにより、将兵は朝から新鮮な牛乳を湯茶のかわりにふんだんに飲める。開拓ができたら住宅をつくる。除隊のときは、希望者にその土地と家屋を与えて居住させ、家族を呼び寄せて、家庭を持たせる。これが師団の村造りだ。

その間、現地に適応した新戦法を創案する。また、弟子教育のための学校を建て、現地に適応した生活を創造し、自給自足、衛生、文化施設などをつくり、満州人たちと一緒に、王道楽土の満州にする」

だが、この計画が東条に漏れたらしく、石原の第十六師団の北満移動は中止され、南方へ送り込まれた。一説では、現地の協和会と石原が満州国づくりで取り組むのを恐れた関東軍が、圧力をかけたという説もある。

もしも、石原の第十六師団が、予定どおり昭和十六年四月に北満に移動し、「夢の国」が実現していたら、アメリカ合衆国のような、当初の満州協和国家に復元している。そうなれば海軍の南方進出も、太平洋戦争も起きていなかった。

石原莞爾は、昭和十六年三月、突然、陸軍を馘《くび》になった。その後は、立命館大学で教授に迎えられた。しかし、大学にも軍の圧力がかかり、京都をあとにする。翌年の十七年九月、郷里の鶴岡に戻ると、百姓将軍となり、東亜連盟運動を続けた。

なお、日産コンツェルンの総帥・鮎川義介は戦後、石原をこう評価している。

「陸軍参謀本部の作戦部長石原莞爾は、満州国の立役者として満州を知悉する第一人者であった。またソ連通としては、ソ連自身が最も警戒する人物であった。この大陸作戦の知謀は、軍・政・経に亙《わた》る構想の大きな綜合的の国防策を懐いていた。

彼は満州に於ては、五族協和に基づく共存共栄を実証して、ソ連の民族政策に対抗することを考えた。満州国人の経済水準を引きあげて、中国人の僻みを是正し、日満の生産力を飛躍的に増強して、ソ連の計画経済を圧倒せんと企図していたのであった」(「別冊知性」12)

石原が描いたのは、五族協和による「満州合衆国」づくりであった。

以下は、その石原の、満州国づくりの話である。

第一部　ナポレオンを愛した男

第一章——石原式勉強法

戦史書をむさぼるように読む

石原莞爾が初めて国外に出るのは、明治四十三年（一九一〇）一月である。第二師団（仙台）若松連隊の歩兵少尉になって一年後のことであった。

石原は明治四十二年（一九〇九）五月二十日、陸軍士官学校を卒業。翌六月に原隊の山形歩兵第三十二連隊に復帰し、即日見習士官となった。

士官学校同期の卒業生には、百武晴吉（中将、十七軍司令官）、樋口季一郎（中将、第五方面軍司令官）、横山臣平（大佐、「秘録石原莞爾」の筆者）、飯沼守（中将、九十六師団長）、平林盛人（中将、長野師管区司令官）、富永信政（大将、のち南方で戦病死）らがいた。

鶴岡生まれの彼は明治三十五年（一九〇二）、十四歳で仙台幼年学校に入り、三十八年（一九〇五）七月に卒業して同年九月、東京陸軍中央幼年学校（当時は市ヶ谷台）に入学した。

当時、地方幼年学校は明治二十九年（一八九六）五月に仙台、東京、名古屋、大阪、広島、

熊本に創設され、一学年の定員は五十名だった。仙台は北海道、青森、岩手、宮城、福島、山形、新潟の各道県から採用されて入学した。横山と石原は、山形の歩兵第三十二連隊で入学試験を受けて採用された。

しかし、仙台幼年学校の受験合格者はたった二十六名と不振だった。このため、不足分を東京や山口、九州などから採用してようやく五十名に達している。

当時の幼年学校は、六つの地方幼年学校（三年間）を卒業後、東京の中央幼年学校（二年間）に入学し、陸軍士官学校、陸大と進む。

石原は仙台幼年学校の頃から多くの本を読み、名士を訪ねて談論し、権威ある論説を読んでは自分なりに批判した。また、ナポレオンの研究にも入っていた。ナポレオン論を書かせると、数冊に及ぶほどの大研究家であった。同期の横山によると、

「ナポレオンの研究などは、幼年学校時代（仙台）、既《すで》に大成の域にあった。学科の優秀なことは以上の通りであるが、術科はこれと反対に下位組で、ことに技を競う器械体操、剣術、柔道その他陸上競技などは不得手であった。しかし彼は不負魂《まけじ》が強く、かつ気概に富んでいたから、剣術などの場合、技術は下手だが、ところかまわず打ち込んでくる、いやな相手であった」という。

しかも真面目な、行儀正しい生徒ではなかった。むしろ悪戯《いたずら》者で、皮肉をとばし、無頓着で、口が悪く、茶目気だった、というから問題児に近い。それでいて、ナポレオンを読んでいたというから、彼にとっては、ナポレオン以外は眼中になかったのだろう。

大陸のことに石原の眼を開かせたのは、明治三十七年（一九〇四）二月十日の日露戦であった。石原たちは、まだ幼年学校二年生だった。

日露講和会議は、石原らが仙台の幼年学校（三年間）を卒業する直前の八月に開かれた。そのことも、石原をソ連研究に惹《ひ》きつけた。特に第二師団長西寛二郎中将が将兵に与えた訓示が、石原に大きな影響をもたらした。こうである。

「国家、士を養うは、まさに今日あるが為なり」

この一句は、彼の脳裡にいつまでも焼きつけられて離れなかった。

石原は仙台幼年学校を首席で卒業すると、九月、東京・市ヶ谷の中央幼年学校に入学した。定員は各地方幼年学校から五十名。六つの学校、全員三百名が同時入学している。

中央幼年学校は地方幼年学校と違って、教練は軍隊的で、小銃、その他の武器は兵隊同様に支給され、歩兵訓練が行なわれた。それと同時に、乗馬練習が必修課目になる。

中央幼年学校は三個中隊に分かれ、一年生三百名は各中隊に配属された。一年生と二年生はそれぞれ三区隊に分けられる。石原は第三中隊の第六区隊に配属され、仙台の同期生五十名は、ここで互いに別れ別れになる。

石原が飯沼守を知るのは、この中央幼年学校に入ってからである。飯沼は名古屋幼年学校出だった。一緒に机を並べた仲であった飯沼は、のちに石原のことを、

「人間的にも才能的にも、まったく偉大なる傑物であった。彼の頭脳のひらめきは、常人の端倪《たんげい》し得ないものばかりで、彼をもっと活用していたら、日本はあんな敗け方はしなかった

ろう。彼の言行は記録として後世に伝える必要がある」(「秘録石原莞爾」より)

その石原は、東京に出ると、水を得た魚のように、生きかえった。彼は戦史をむさぼるように読んだ。政治にも興味を持つ。思想、哲学書も読んだ。

休日は都内に住む各界の名士を訪問して講話を聞いた。大隈重信、乃木希典などを私邸に訪ねて、教えをこうた。他の多くの学生が、休日をただ遊楽にふけっているのとは対照的だった。知識の向上欲が強く、東京はまさに、彼にとっては適任の地だった。

国柱会の田中智学を訪ねて、法華経を研究したのもこの頃である。

田中智学を知ったいきさつは不明だが、多分に同郷の先輩で、のちに海軍中将、海軍大学校長となる佐藤鉄太郎の影響ともいわれる。

佐藤は日蓮信者であった。海軍の中には日蓮信者が多い。ただし、国柱会の田中智学は信者ではなく、日蓮主義者である。石原も、正確には、日蓮主義者だった。石原は休みの日は、鶯谷の国柱会を訪ねては講義を聞いている。

この二年間の中央幼年学校時代、東京では特筆すべき大事件が起きた。それは講和条約に対する国民の不満が爆発し、暴動化したことである。

講和条約の駆け引きは、火中の栗を拾おうとしたアメリカのセオドア・ルーズベルト大統領の仲介もあった。新興日本に恩を売って、手に入れたフィリピンの支配権を安全にする上でも無用ではなかった。

ルーズベルトは、ロッジ外交委員長に、「思うに、露国の勝利は文明に対する一打撃であると同時に、東亜の一国としての露国の破滅も予の所見では均《ひと》しく不幸であろう。日露相対峙して、その行動の緩和を相計るというのが最善である」と書き送っている。(「日本の歴史」22)

しかし、ロシアはルーズベルトの講和提案に対して、大国としての面目を失うことを恐れ、「露国がその寸地尺土も喪《うしな》わないのに、講和を請うことはできない」との態度であった。

日本政府は小村寿太郎全権大使に対し、

一、韓国を日本の自由処分にまかすことをロシアに約諾させること。

二、遼東半島の租借権およびハルピン、旅順間の鉄道を日本に譲渡させること。

三、事情が許せば、①軍費を賠償させる②樺太を割譲させる――とした。

明治三十八年(一九〇五)八月十日、日露の会談は、アメリカ北東部のポーツマスで交渉に入った。

交渉ではロシアのウィッテ全権大使は、日本側の条件のうち「樺太の割譲はできない」「軍費の賠償は敗戦国が戦勝国に対してなすものである。ロシアは敗戦国ではないので承諾できない」と強調した。

八月二十日は交渉の限度の日で、講和を結ぼうとしたウィッテは、「樺太の南半分を日本に譲渡する」「ロシアは十二億円の賠償金を支払う」という案を出して、日露の交渉は妥結を迎えた。

ところが、この案に対してニコライ二世は、「断乎《だんこ》として、一寸の土地も一ルーブルの金も譲るべからず」と、くつがえした。

ルーズベルトは、「償金問題はロシアが呑めないから、これは譲歩したらどうか」と日本側に働きかけたが、小村は、「談判断絶してニューヨークに引き揚げるつもり」でいた。

また、ロシア側は満州で形勢を一変させる望みがあると確信するようになり、講和の意志がない旨をも伝えてくる。

これを受けて日本政府は、「最後の譲歩として、樺太の南半分の割譲をもって満足する」ことにあらため、小村に訓令した。

結局、二十九日の最終会議で、「樺太の南半分の譲渡、賠償金なし」で妥結する。

しかし、日本の国民感情はこれを許さなかった。徳富蘇峰の「国民新聞」を除く各紙が「何ごとぞ今回の講和条件」「弔旗をもって迎えよ」「国民と軍隊とは、まったく桂内閣及び小村全権に売られたり」と、猛然と政府を攻撃した。

九月三日に大阪で市民大会が、五日には東京・日比谷公園で全国大会が開かれ、全国から反対の志士たちが集まった。大会の主催者は、頭山満など黒龍会系の右翼たちだった。「参加した群衆は三万人」とある。

群衆は国民新聞社のガラス戸を破って襲撃し、編集や印刷局に入って活字を引っくりかえし、石を投げた。万一に備え、蘇峰は自宅から日本刀数本を取り寄せたという。

その後、内務大臣官邸前にも集まり、石を投げ、巡査と乱闘となった。この騒動で官邸は焼かれた。

群衆は、さらに平和回復に積極的だったキリスト教会を襲撃し焼いた。九月六日の東京は、まさしく無政府状態となり、政府は戒厳令をしいた。

この騒動で、教会十三、民家五十三、警察署二、交番二百十九、電車十五台が焼き払われ、警察官、消防署員の死傷者は四百九十四名、民家の死傷者五百五十八名、検挙者二千人に達した。

しかし中央幼年学校では、この暴動に対する批判はなかった。むしろ将校たちは、反対暴動者たちに同情的なムードだった。

石原はどう思ったのか、彼の日記に記載はなく、またその後の論文の中にも、この時のポーツマス講和条約については言及していない。しかし、彼の「対ソ連戦略」「満州国家づくり」には、はっきりした答えが出ている。それは、ロシアもソ連共産党も「信ずるに値しない」との結論である。

若松隊は奇人、変人の集まり

仙台での三年、市ヶ谷での二年、合計五年間の幼年学校を終えると、石原と横山は山形の歩兵第三十二連隊に配属となった。同時に歩兵上等兵に任命され、第七中隊所属となる。

石原が市ヶ谷の陸軍士官学校に入校したのは明治四十年（一九〇七）十二月一日、石原莞爾十八歳だった。

教科は戦術、兵器、軍制、築城、地形交通、外国語（外国語はドイツ語だった）。

士官学校は競争がはげしく、仮病をつかって練兵休（術科休み）をとり、勉強する者もいた。

ところが石原は、自習時間以外は試験勉強をしないので有名だった。彼は日曜日とか休みに入ると、乏しい小遣いの中から高価な本を買い求めたり、市内の図書館に通ったりしている。

また休みの日は、名士を訪ねては講義を聞いたり、異見を述べて議論したりした。そのせいもあって、彼は他の学生と違い、史学、社会学、哲学に精通していた。そのうえ毒舌家でもあった。また放言でも有名だった。

石原をよく知る横山臣平は、こう記している。

「石原は学校における態度や服装などに欠点が多く、そのうえ相手により真面目さを欠き、区隊長（四区隊、鈴木中尉）の採点する術科と品行点に峻烈さが加えられたこともあった。彼がもっと真面目に試験勉強に取り組めば、首席になる才能は十分であった」

陸士を卒業するときの成績は、歩兵科三百五十余名中六位だった。五位までに与えられる恩賜の銀時計はもらえなかった。

ところが、陸大を卒業したときは成績抜群で、恩賜《おんし》の軍刀を拝受した。軍刀組である。そのことでは、こんな話がある。友人の一人が、

「とうとう恩賜になったな」

と褒《ほ》めると、石原は、

「ウン、陸大には品行点がないからな」

と言って笑ったという。

陸士の卒業式は、明治四十二年（一九〇九）五月二十日で、二十一期である。この卒業式には、明治天皇が行幸し、厳粛にとり行なわれた。卒業後は、六月に原隊の山形歩兵第三十二連隊に復帰し、即日見習士官を拝命する。

石原は第八中隊に、横山は第五中隊付となり、初めて将校として勤務した。

見習士官は半年で、そのあと歩兵少尉に任官された。石原は二十一歳の少尉となる。任官と同時に、新設の会津若松の歩兵第六十五連隊付に転任した。同期七名のうち、なぜか彼だけが若松へ転出させられている。一説では、山形歩兵第三十二連隊長に毛嫌いされたため、新設の若松隊へ出されたとの説がある。残念ながら、これは連隊長の腹ひとつの人事だけに不明だが、放言、毒舌家の石原を嫌ったから、という説は否定できない。

石原は乃木希典《まれすけ》や大隈重信、それに田中智学など名士に会い、世界の動きを読みとっていたからである。

この若松隊は、奇人、変人の集まりでもあった。石原は、昭和十五年（一九四〇）十二月三十一日に脱稿した「戦争史大観」の序説で、こう書いている。

「明治の末から大正の初めにかけての会津若松歩兵第六十五連隊は、日本の軍隊中においても最も緊張した、活気に満ちた連隊であった。この連隊は、幹部を東北の各連隊の嫌われ者を集め、新設されたのであったが、それが一致団結して訓練第一主義に徹底したのである。

明治四十二年末、少尉任官と共に山形の歩兵第三十二連隊から若松に赴任した私は、私の一生の中で最も愉快な年月を、大正四年（一九一五）の陸軍大学入校まで、この隊で過ごした。いな、陸軍大学卒業までも、休みの日に第四中隊の下士室を根城として、兵とともに過ごした日は、極めて幸福なものだった」

この文章の「嫌われ者」の四文字が、東条に伝えられ、東条はこの本「戦争史大観」を発禁にした。その理由は、「天皇陛下の命により任命された将校を『嫌われ者』とは何ごとか」ということだった。しかし事実、明治天皇が人事に直接タッチなどしていない。タッチしたのは連隊長である。そういうところが、ダメな東条だった。

石原をよく知る、仙台幼年から陸士まで同期の横山臣平も、「嫌われ者」を認めていて、「秘録石原莞爾」の中で、こう書いている。

「筆者も若松連隊のことをよく知っていたが、確かに奇人、変人が多かった。山形連隊から転任した者にも、石原を始め、脱線しやすい将校が四名もいた。石原が語る変人の中から、一、二を拾ってみよう」

それによると、少尉時代からいつも辞職願を懐中にしていたK大尉の「池の鯉」事件がある。それは将校集会所の池に飼っていた鯉を、K大尉が当番兵に命じて鯉料理させ、夕食のときに週番士官（十二名）に食べさせたことである。

また、S大尉は演習を指揮しているさい、師団参謀長に「歩兵操典の原則とちがう」と指摘し、「操典が間違っています」と答えて、指揮を続けている。

しかし石原にとっては、「戦争史大観」の序説文にもあるように、「幸せな若松連隊時代」だった。

若松時代の石原は、銃剣術に打ち込んだ。

歴史に興味を持つ彼は、戊辰《ぼしん》戦跡の会津若松をよく歩いて、研究している。特に彼が好きだった西郷隆盛のことや、会津城明け渡しのときに活躍し、美談を残した一介の下級武士上がりの桐野利秋は、感受性の強い石原をひきつけた。

会津若松城明け渡しのさい、官軍側の板垣退助が椅子に腰かけ、藩主松平容保《かたもり》が地面に座している光景を見たとき、桐野が板垣を怒鳴りとばして、松平容保にも椅子を勧めた話には、涙を流して読み耽《ふけ》っている。

しかし、日米関係は急転していた。

連隊にいても、石原は歴史・思想・哲学書を読んでは下士官たちと日をすごしているが、彼が新聞で知るアメリカの日本観は変わっていた。

明治三十一年（一八九八）「西進一途」のアメリカは、ハワイ、グアム、フィリピンを領有し、明治四十二年（一九〇九）にはハワイのパールハーバーに海軍根拠地を設定した。日本を含む中国など、アジア進攻への足がためである。対日作戦の将来計画を着々と進めつつあったのである。

日本政府も、日露戦争後、中国と満州へ進出したがっているアメリカの「西進世界政策」を無視できなくなった。ハワイに根拠地をつくることは、日本を敵国視した政策と見ている。

それなりの根拠はある。ひとつは、アメリカの海戦史研究の大家であるモリソン博士が、「次の戦争は日本になるだろう、ということは、すべての海軍高級士官の無言の確信に基づくものだった。日本こそは地理的には遠隔でも、不慮の事件によってアメリカに挑戦しそうな唯一の海軍国であった」と語っていることからも言える。

二つめは、日露戦争後、明治政府はアメリカの「満鉄共同運行」の要請を蹴ったことである。アメリカ大統領が講和条約交渉のさい、仲裁役を日本に頼まれて買って出た腹の中には、満州への進出があった。それを日本が蹴ったことで、日本敵視が強くなっていた。

日本政府も、アメリカが新たなる脅威となると判断して、明治四十二年、「帝国国防方針」を策定した。それ以来、日本海軍は対米防衛軍備に専念する。

この「帝国国防方針」に基づき、「用兵綱領」を策定した。

骨子となるものは、つぎの三点である。

一、アメリカ艦隊の渡洋進攻に先立ち、在東洋米海軍根拠地フィリピン及びグアム基地を覆滅し、進攻作戦を困難ならしむる。

二、アメリカ艦隊の来攻に先立ち、防衛作戦準備を完成する。アメリカ艦隊が来攻せば、これを我が本土近海にて撃破する。

三、かくて不敗の戦略態勢を確立し、敵国をして戦争意志を放棄せしむ。

だが、その後大正十一年のワシントン条約で、情勢は大きく変化し、英、米、日の三国の海軍主力艦保有率が、五・五・三の兵力比になった。これまで日米対等だったが、日本の海軍兵力は小さくなる。

また同時に、アメリカの介入により、日・英同盟が破棄され、日本はアメリカだけではなく、イギリスとも、事を構えねばならなくなった。これはアメリカの策略だったことが、のちに判明するが、明治四十二年頃から、日米の間は、互いに仮想敵国化していった。

石原は若松連隊にいて、帝国国防方針を知った。

のちに昭和十一年（一九三六）六月、参謀本部にいた石原は、帝国国防方針では古いとして「国防国策大綱」をうち出し、方針を変えることになる。

素案は、すでに第二師団連隊長時代の昭和八年（一九三三）六月に、今田新太郎に求められて「軍事上より見たる皇国の国策並国防計画要綱」として、提出していた。

石原莞爾によって、国防方針が大きく変えられて行くのだが、時代の波は、大きく変わっていたのを、石原は明治四十年頃から悟り出している。

そのさなかの、初めての国外である朝鮮行きであった。

朝鮮民族への思いやり

第二師団（仙台）は第六師団（熊本）と交代した。

若松連隊は明治四十三年（一九一〇）四月に出発した。目的は韓国警備のためだった。

まず船で釜山に上陸。そのあと鉄道で北上し、京城の東北二十五キロ先の春川に駐屯した。

生まれて初めての韓国である。青森港を出港する頃から全員が緊張していた。

釜山港に着くと鉄道に乗り継ぐが、彼が見た朝鮮人たちには活気がなく、その姿は貧しかった。石原は沈痛な思いと同時に、朝鮮人たちに同情した。

「この民族と親しくしなければならない」

部下に対しては、「決して優越感を持つな」と堅く戒めた。

春川に着くと間もなく、石原は連隊旗手にさせられた。勤務先は連隊本部である。そのため、彼は本部のある龍山に移った。

ここでの仕事は中隊付の重労働はなく、事件が起こらない限り暇だった。しかし石原は毎日、銃剣術に打ち込み、試合にも出た。

ひとつには、治安が悪化した朝鮮での、自己防御のためであり、気迫を養うことでもある。朝鮮では、石原たち第二師団が交代する前年の十月二十六日、ハルピンで朝鮮統監府初代統監の伊藤博文が、待ち伏せていた朝鮮人の暗殺者に銃弾三発を撃ち込まれて暗殺された。

犯人は安重根という朝鮮人だった。

伊藤はハルピン駅に到着し、ロシアの大蔵大臣ココフツエフと車中で会談し、そのあとロシア守衛隊を閲兵して、各国領事と握手をかわした。その伊藤が歓迎にきた日本人の方に向かって歩いたときだった。参列者の中に待ち伏せていた安重根に短銃で三発撃ち込まれ、三十分後に死亡した。

朝鮮では、明治三十七年（一九〇四）八月に第一次日韓協約が締結され、外交顧問として日本の外務省で働いていたアメリカ人のスティーブンスを派遣した。だが、スティーブンスは三年後の明治四十年（一九〇七）に、サンフランシスコで韓国人の刺客に暗殺された。
また、同年には朝鮮各地で義兵と称する暴徒が出没して日本人を攻撃するようになり、日本政府は明治四十一年（一九〇八）四月に暴徒討伐のため、熊本の第六師団二万人を動員し、朝鮮の治安に当たらせた。

石原の連隊が韓国入りしたときは、ちょうど日・韓の間で併合の交渉が進んでいる、さなかだった。しかし、朝鮮の治安は悪く、いつ暗殺団に襲われるか分からない状態だった。

韓国併合問題は、小村寿太郎外務大臣がロシア、イギリス、アメリカの了解をとりつけたうえで慎重に時期を待った。

統監府の人事にも着手した。統監には陸相の寺内正毅《まさたか》を兼任させ、韓国政府の警察権を統監府へ全面的に移した。また憲兵隊長には明石元二郎少将を任命した。彼は統監府警務総長を兼任した。

明治四十三年（一九一〇）八月二十二日、韓国の全憲兵、警察の厳戒のうちに、韓国併合に関する条約が調印された。

日本が韓国併合を急いだ理由は、ロシアの南下を阻止して、日本の安全を確保するのが狙いだった。それには、朝鮮を日本の支配下におくことが不可欠であった。同時に、朝鮮市場に進出することだった。特に、農業への投資を優先している。

しかし、新しい土地の売買により、土地の占有権、耕作権を持っていた農民は、権利を無視され、地主から土地を借りて小作人として耕作しなければならなくなった。小作料も高くなり、農民の生活は窮乏し、不満が増大していた。

石原も、苦しい農民の生活を見ている。また、土地の耕作権、占有権をとられて小作人となった農民たちが、土地の回収を哀訴する姿も見ていた。

明治四十四年（一九一一）は中国で辛亥《しんがい》革命が起きた年だが、石原守備隊長は、部隊を引率して春川の裏山に登り、万歳を三唱した。

京都大生当時から石原に接近して、用心棒役を買って出た韓国人の曺寧柱は、このときまだ三歳だった。のちに昭和十四年（一九三九）、舞鶴要塞司令官当時の石原は、京都大生の曺寧柱に、朝鮮守備隊長時代のことを次のように語っていて、当時の韓国の様子が窺《うかが》える。

「李朝の科挙制度（国家試験）が中央集権を生み、地方官と両班（ヤンパン）の苛斂誅求《かれんちゅうきゅう》から、村民は自分の食べる物以外は作らなかった。農業の発展を阻《はば》んだ要因でもある。簡素な村民生活は、エネルギーを消耗すまいとして、大地のへこみを忘れてか、上品なゆっくりとした足取りで歩いたものだ。

村民の理財感覚はゼロに等しかった。卵を買うにも売ってくれない。自給物だという。卵を売って、鶏を買って、さらに卵を増やす真似はしない。村で南瓜《カボチャ》を買ったら、村長が笑った。南瓜がカネになるとは、と夏の日盛りに村宿へ寄って、昼飯を所望したところ、どんぶり飯がかちかちなので、真ん中だけをすくって食べたら、お代を払う段になると、負けてくれた。周囲が半分残った、というのである。

純というのか素直というか。当時は自由主義時代であった。統制力のおよばない強いもの勝ちの時代であった」（曺寧柱「石原莞爾の人と思想」）

第二師団の韓国駐屯は二年である。その後、弘前の第八師団と交代し、山形へ帰還した。石原のいる若松連隊が帰還したのは、明治四十五年（一九一二）の五月である。連隊旗手をつとめた石原は、会津若松駅で、連隊旗を捧持して、駅に降り立った。

帰還後の石原は第四中隊付となり、本格的な軍隊教育に入った。

若松に下宿していた石原の軍隊生活は、兵の起床時刻である朝六時前には中隊に出勤し、夜は十時頃に下宿に帰るという日課である。

石原の訓練は厳しく、銃剣術の稽古では、数人の怪我人が出たほどだった。

石原が会津若松に帰還した明治四十五年は、石原にとっては大ショックの年だった。四十四年十一月の小村寿太郎の死後八ヵ月後、明治四十五年七月二十九日午後十時（三十日と発表）、明治天皇が崩御された。五十九歳だった。

明治天皇の崩御を、石原は新聞を読んで知った。ショックのあまりに、彼はその日、銃剣術を休み、静かに黙した。彼は皇居に向かって隊員と一緒に黙祷した。

第二の衝撃は、明治天皇の大喪当日、乃木希典夫妻が殉死したことである。石原は東京の中央幼年学校に入ってから何度か、赤坂の乃木邸を訪ねては講義を聞いて学んだ。そのときに静子夫人が出された茶を啜《すす》った。その味の良さに、思わず、「うまい！」と声に出した。

するとと静子夫人は、

「おや、素直な方でごわすね」

と石原を褒《ほ》めた。その言葉には、柔らかい薩摩訛《なま》りがあった。

その、乃木夫妻の殉死を知ったとき、石原は居ても立ってもおれなく、朝の六時前には朝食もとらずに下宿をとび出して中隊に登庁した。

そのあとは、自分で週番肩章を腕に巻き、さっさと点呼をとった。この突拍子もない石原の行動に、朝寝坊していた兵士たちは、眠たい眼をこすりながら正座し、点呼した。

驚いたのは、当の週番将校である。点呼に出かけてみると、すでに兵たちは用務にとりかかっている。事情を訊《き》くと、

「石原少尉殿の点呼を受けました」

との応えである。

「どうしたことかな」

質《ただ》すまでもなかった。その日は、これまでと違って、猛烈な銃剣術の稽古となった。

石原は「戦争史大観序説」で、この頃のことをこう書いている。

「山形時代も、兵の教育には最大の興味を感じていたのであるが、会津の数年間に於ける猛訓練、殊に銃剣術は今でも思い出の種である。この猛訓練によって養われて来たものは兵に対する敬愛の念であり、心を悩ますものは、一身を真に君国に捧げている神の如き兵に、いかにしてその精神の原動力たるべき国体に関する信念感激をたたき込むかであった。私どもは幼年学校以来の教育によって、団体に対する信念は断じて動揺することはないと確信し、みずから安心しているものの、兵に、世人に、更に外国人にまで納得させる自信を得るまで

は安心できないのである。一時は筧博士の『古神道大義』という私にはむずかしい本を熱心に読んだことも記憶にあるが、遂に日蓮聖人に到達して真の安心を得、大正九年、漢口に赴任する前、国柱会の信行員となったのであった」

石原は、「古神道大義」を読み、敬神尊皇の光を養っている。さらに心の糧《かて》をイスラム教とキリスト教にも求めて、悟るものがあった。

陸大教官の能力を試す

石原が陸軍大学を受験するのは大正四年（一九一五）四月である。石原は大正二年（一九一三）に中尉になり、その二年後の受験。場所は仙台の第二師団司令部。

陸大を受験するには、隊付二ヵ年以上で、しかも品行方正であること。さらには勤務精励、身体が強壮で、頭脳が優れているなど、条件があり、また受験する少尉、中尉は、連隊長の推薦が必要で、誰でも受験できるわけではなかった。

石原が受験した大正四年、受験した陸軍士官学校卒業生は、もっとも若い者は二十四期生で、石原、横山ら二十一期もおれば、五期上の十六期生（東条英機らの同期生）もいて、その幅は九期にわたった。

試験は初審と二審がある。初審は各師団で筆記試験。百二十名に絞る。再審は東京・青山の陸軍大学で口述テスト。六十名の採用。

この年の受験者は七百余名だった。筆記テストの結果、百二十名が再審を受験した。

テストの日数は長い。各師団での初審は五日間、九科目。戦術科目は初級戦術、陣中要務、応用戦術の三課目。その他、軍制、兵器、地形及び交通、築城、数学、外国語である。石原も横山もドイツ語で受験した。

問題は、品行はあまりよくない石原が、どうして連隊長に推薦されて受験するようになったかである。

本人によると、「本当は受験する気もなく、勉強もしていなかった。ただ、新設の会津若松連隊から、だれ一人受験者も合格者もいなかった。連隊長としては顔丸つぶれになる。そこで私に受験せよということになった」という意味の手記を残している。

合格発表は三ヵ月後の七月。石原も山形連隊の横山も合格した。そこで、勉強もしない石原が、どうして難問の初審を突破できたのか、が第二師団内で話題になった。当時の石原中尉は、六時前には連隊に登庁し、夜の九時の消灯ラッパが鳴る頃は連隊の風呂で入浴、そのあと下宿に帰っている。したがって、勉強する時間などなかった。

「大人気ないから余り言わないことにしている。あの頃は記憶力がよかった。十時頃に帰って軍服のまま下宿で寝ることが多かった」

と「戦争史大観」に書いているが、多分に、石原はタバコを吸わないうえ、酒が飲めなかったことが記憶力と関係している。医学的には、タバコは記憶力を削《そ》ぐからである。

石原は、ひと通り読み書きしただけで、記憶できたのだろう。しかし、人の見ていないところで勉強したのは事実である。

難関は、むしろ陸大での口述の再審である。

再審は連日九日間である。根掘り葉掘りの意地悪い試問を浴び、これに応答しなければならない。戦術戦略、兵器学などの審査は、佐官級（少佐以上）の陸大兵学教官。博識で快弁な試験官の質問に応えるには、単に頭が良いだけではダメで、自説を堂々と説明し、意地悪な試験官の説に屈服しないことであった。

同時に合格した横山臣平によると、

「石原はオレはどうせ初めから陸大入学の考えがないのだから、この際反対に、陸大教官の能力を試して、田舎連隊への土産話にしてやろう、という意気込みのようであった」

とある。

それを裏付ける行動のひとつに、試験前に早く上京し、士官学校を訪れて新しい兵器（テストに出る）、器械などを見学するのが普通だが、石原は「必要ない」と、見学しなかった。

試験官の反論に対しては、逆に相手の出鼻をくじき、一歩も譲歩せず、自説を押し通したという。特に、石原は幼年学校のときからナポレオンを研究していて、試験官とは戦術戦略の質疑応答では、派手にやりあった。「ときにはハッタリもあった」と、横山は石原から聞いて笑った。

兵器学で、「機関銃の有効な使用法はどうか」との質問に、石原は当時、ただ一人考えも及ばない飛行機からの射撃を提案した。今日の機銃掃射だが、まだ欧州戦線でも、この機銃掃射は考案されていなかった。陸大の教官たちは、初めて聞く飛行機からの射撃に身をのり

出して、

「いや、飛行機のどこに装備するのだ？」

と質問した。石原は、機転をきかせて、

「自分にも分かりませんが、ドイツの軍事雑誌に、ドイツで研究中とかの記事があり、近々実現するとのことです」

と、この場を切り抜けた。

実は、そんな記事などなかったのである。あれば、教官たちも読んでいたはずだった。

結果は合格。しかも、会津若松連隊始まって以来の陸大合格者を出した。

石原は、大正四年十一月二十九日、陸大に入学、渋谷駅前の青雲館三階の六畳間に下宿して青山の陸大へ、三年間通った。

石原はここで、独学だが、世界史を研究している。大学以外の研究だった。また先輩で海軍大学校長の佐藤鉄太郎（のち中将）を訪ねては、日本国防論の講義を受け、意見を交換し、研究していた。

当時から、学校教育だけでは、大物にならない一例である。

第二章――ライカを片手に

「所見無」とレポートを提出

石原莞爾が満州に渡るのは、大正六年（一九一七）の春である。彼は陸大の二年生（陸大教育は三年間）だった。陸大生の、いわば修学旅行である。

旅行の目的は、日清・日露の古戦場めぐりと、将来の予想戦場の現地視察である。

石原はカメラ好きで、中央幼年学校の頃からカメラ雑誌を見ている。しかし、小遣いが乏しく買えなかった。カメラを買ったのは、のちに大正九年（一九二〇）、漢口の中支那派遣隊司令部付に転出したときである。

ところでこの満州旅行だが、二年生六十名と教官ら随員の八名というのは、陸大始まっていらいの大規模な視察旅行だった。

視察ルートは、船で大連港に到着したあと、旅順の戦場視察から始まった。そのあと金州、大石橋、鞍山、遼陽、沙河、奉天と北へと移動した。奉天からは鉱石が埋まっている鉄嶺、四平街、范家屯、そして長春（のち新京）、満州の小京都と言われた吉林、本渓湖、さらに東に出てソ連国境に近い安東から朝鮮に出て、新義州、平壌、京城、大田、釜山港に下りる。日本へは釜山から帰国するが、陸大生には「視察レポート」が義務づけられていた。一人一人の古戦場の感想や、まだ未開の満州についての所感を、レポート用紙に書いて出さねばならない。

紀行文なら、その場でサラサラと書ける。だが陸大生らしく、軍事戦略的、また満州国と日本との関係などについて書くには、予備の資料がない。

戦史について書いても良かった。所要地誌でもよかったが、陸大には満州や朝鮮に関する資料がない。

同期生で友人の横山臣平は、色々と苦心して、旅行先で入手したパンフレットをもとに、紀行風の所見をまとめて報告した。それが精一杯の視察レポートだった。

石原はどうしたか。

形式的な報告など、書くことに反対していた。教官にレポートを提出せよ、と言われたときから石原は、

「そんなくだらないものが出せるか」

と、友人に漏らしている。

だから横山ら、石原をよく知る友人たちは、レポート提出後、それとなく、石原に近づき、

「どうした？」

とさぐってみた。返事はこうだった。

「あんなもの。所見なし、と書いて出したよ」

石原は鼻で笑った。

「たったの四文字か」

「いや、〝所見無〟だから三文字だ」

「なんだって？」

石原を取り囲んだ同期生たちは、笑うに笑えなかった。みんな四苦八苦して提出したのに、「所見無」とは、あまりにひどすぎないかと思った。ただ一人、石原の性格を知る横山は、「なんと大胆な奴だ」と、唖然とした。それからしばらくしているうちに、「石原らしいよ」と、にが笑いした。

満州と韓国視察から帰ると、七月からそれぞれ兵科隊付勤務になる。

石原は砲兵隊である。

石原は高田の山砲兵連隊を希望して、東京をたった。石原は、馬や車輌を使って砲兵の指揮をとった。また射撃の指揮もとる。ここでも彼は操典にない、適当な号令を作って部隊を指揮している。

石原に言わせれば、将来は師団長や軍司令官になるのに、他兵科のこむずかしい号令を覚えて何になるか、ということである。

この頃から、石原は指揮をとるさい、

でである。

「いつものとおりやれ！」だった。

だからと言って、ヘソ曲がりだったわけではない。小事に時間をとられるのを惜しんだまでである。

それでいて、反感をもっていた校長に対しては、態度で示している。

唯一、陸軍大学の河合操校長への反感の事情を知る横山は、大正六年夏の、陸軍大学の特命検閲事件での石原がとった行動を、「秘録石原莞爾」の中で書き残している。

それによると、大学二年の夏の、天皇の勅命による特命検閲が行なわれたさい、真夏だというのに、セル服着用をやめて真冬に着る木綿服で校庭に立っている。

木綿服は下士官着用である。将校、それも中尉の石原は、下士官が着る木綿服で軍装検査を受けた。

検閲使は梨本宮守正殿下（陸軍元帥）。

横山は、こう書いている。

「これは筆者以外知られていないことだが、石原の河合校長に対する反感の原因は、石原の同郷で陸士同期の親友、斉藤元宏の退校にある。これを審議する職員会議のさい、退校に対する賛否二つに分かれ、両者伯仲のため、校長の裁決に待つことになった。河合校長が退校に同意したため、石原は校長の態度に対し非常に憤慨し、反感をもつようになったらしい」

この日の検閲だが、学生、職員二百名中、たった一人、石原のみが木綿の冬服であった。

これは違反ではなかったが、木綿服は目立った。だいいち、色が違った。

石原の前にきたとき、梨本宮殿下は、

「その服は、中尉のもっとも良い服か」

と尋ねた。すると石原は、

「はい。第一装用であります」

と答えた。

おそらく、河合校長はその様子を近くで見ていて、穴にでも入りたい気持ちになったであろう。

イヤガラセといえばイヤガラセである。しかし、本心は石原が全校生の前で見せた、親友斉藤の処理に対する、ささやかな抵抗だった。

石原はこのこともあって、陸大内では目立った。三年になると、閃《ひらめ》いた造語で相手を論破したり、批判したりしている。今日でいうところの「辛口論評」である。

カメラマン「石原権太郎」

陸大卒業後は原隊である会津若松歩兵第六十五連隊に復帰した。翌年の大正八年（一九一九）四月には、大尉に昇進して中隊長になった。

ところが中隊長になった三ヵ月後の七月、今度は閑職の教育総監部に転出される。中隊長になって喜んだのも束の間だった。

この教育総監部（東京）の仕事は、実につまらなかった。行動的な石原の性格には合わない。やることと言えば、印刷物の誤字脱字を発見するだけである。そんなことは下士官で、頭のいいのがおれば、その者たちの校正業務でこと足りる。何も陸大出の大尉がやる仕事ではない、というのが、石原の考えである。

彼には原隊時代がなつかしくてたまらなかった。

教育総監部としては、このあと部内の中堅としてドイツ留学を考えていた。ところが、校正の仕事はしないで高級部員（中佐クラス）を見つけては議論したり、雑談をしたりするので、「これはドイツへ留学させても、何もしない男だ」と、ドイツ留学からはずされてしまった。

石原としては、ドイツもさることながら、中国に渡りたかった。中支那派遣隊である。教育総監部も、ドイツ留学を取りやめ、そのかわり本人の希望を受けて、中支那派遣隊司令部付に出す。

場所は漢口である。石原は、やっと中国大陸へ行けることで、満足であった。大正九年四月のことである。

その前年の八月、教育総監部で無聊《ぶりよう》をかこっていた石原は、国府《こくふ》銻子《ていこ》と結婚した。石原は、二度目の結婚である。その前に、陸大三年のとき、親が決めた女性と鶴岡で結婚したが、性格が合わずに離婚した。

国府銻子は、石原莞爾の末弟六郎（東大出）によると、明治二十九年（一八九六）九月、国府陸軍大佐の二女として東京・牛込で生まれた。国府家は伊勢の藤堂藩の家臣で、元禄時代から江戸詰めだったというから、鎌子は生粋の江戸っ子である。

石原が鎌子と見合いするきっかけは、同郷の先輩である佐伯正悌大佐の仲介と言われる。相手は、陸大の教官で、石原莞爾の教官であった五味為吉中佐夫人の妹と紹介され、見合いする気になった。

国府鎌子は成女高女卒の才媛で、色白の美人だった。早く父親を亡くして、母親と弟の三人暮らしだった。年は石原より七つ下である。

両親の許しと、また陸軍大臣の許可も得て結婚した。当時も、将校の結婚は、憲兵によって相手(女)方の身元が調査され、参謀本部を経て陸軍大臣に送られた。したがって将校は、外国人との結婚は認可されなかった。

石原の再婚は、まさしく「幸せ」の二文字に尽きる。

石原は鎌子を愛した。生涯、つまり昭和二十四年（一九四九）八月十五日、膀胱ガンによって六十歳の生涯を閉じるまで、石原の背中をマッサージしたり、霊感道場で修業して石原にパワーを与え続けたりしている。また、石原と共に満州を行動し、東京では石原の両親の面倒を見た。ただし、残念なことに、子宝に恵まれず、晩年は孤独な生涯を閉じる。

石原がどれほど妻・鎌子を愛していたかは、彼が漢口に赴任した直後の「漢口からの便り」という手紙に読みとれる。

石原はこの頃から、日記をつけた。手紙を書き、そして淋しさをまぎらわせるためか、カメラに打ち込んでいる。

石原のカメラとの出会いは、中央幼年学校時代、友人のカメラを借りて写したのが始まりである。借りたというよりも、シャッターを切っただけである。

幼年学校はすべての費用を国が払ってくれたが、小遣い銭は実家からの仕送りだった。それらの金はわずかなもので、飲食費代に消えた。

石原は酒が飲めなかった。本が好きで、楽しみは神田の古本屋めぐりだった。わずかな小遣い銭は神田の古本屋から買う本代やドイツ語の軍事雑誌その他に使った。

自分でカメラが買えたのは、少尉に任官された頃である。最初は「ベス単」というカメラだった。

その後、軍からの手当てがわずかだが増え、小遣いがたまるようになると、新しいカメラを買った。当時カメラは高い。

山形県鶴岡市の資料館には、石原がドイツ留学中に買ったライカや9.5ミリのムービーなど数十点が保存されている。ライカ愛好家によると、大正時代のライカはほとんど手に入らないだけに、一個百万円はするだろうという。

まして、石原莞爾が満州時代に戦場を撮影したライカとなると、ライカのファンにとっては古美術品なみのプレミアがつき、値段は想定できない、ともいう。

石原のカメラの腕前はなかなかのものである。

結婚後間もなくして、漢口の中支那派遣隊付として特務機関員をしていた頃、大正九年（一九二〇）四月から翌十年七月までの間に「あひる」というタイトルで、カメラ雑誌「アサヒカメラ」の懸賞に応募して入選している。その時のペンネームは石原権太郎だった。

写真は、九羽の白いあひるが草むらの中に身をゆだねて休んでいる、のどかな光景である。石原の姿に数羽のあひるが、やや緊張した横顔を向けている。しかし、なかには草むらに頭を突っ込んだあひるもいて、一見平和な野外の風景である。

二〇〇一年（平成十三年）の「石原莞爾展」に出品されたカメラは、「ライカのⅡ型・「エルマー50ミリ」、F3.5である。その他にレンズが一個。また9.5ミリフィルムの映写機が一台あった。

石原が大佐になって、満州から兵器本部付に異動となった昭和七年八月、東京に持ちかえったときのカメラ類は、先ほどのライカⅡ型エルマー50ミリF3.5レンズ付のほか、エルマー35ミリF3.5、エルマー105ミリF6.3、エルマー135ミリF4.5、ヘクトール73ミリF1.9などがあった。

このほか、引伸器（フクロク型）、ステレオ撮影機、幻燈器、四脚式接写装置一式、現象タンク、フィルム検査器、F9.5ミリのシネマカメラ、9.5ミリ映写機などである。

石原の旅順時代（多分に満州の関東軍参謀時代か）に写した9.5ミリフィルムと幻燈機は、今も鶴岡市の資料館に保存されている。

満州の状況を記録したもので、昭和十五年の秋には村上の鷹之巣旅館で、軍人数名に満州で映した9.5ミリフィルムを公開している。

戦略家であり満州国家を造り上げた石原は、また同時にカメラマンでもあった。満州の写真の多くは、石原が撮ったものである。

新妻・鎌子に送った手紙

漢口時代の石原は、ここで板垣征四郎を知る。板垣少佐と共に、特務機関の業務に従事した。支那の軍事情報の収集、兵要地誌の調査が主な任務である。

石原が漢口に赴任した四月は、ソ連赤軍がポーランドと開戦した。五月にはイランに侵入した。

ソ連のコミンテルンが活発に動き出した年でもあった。

コミンテルンは、七月に第二回大会を開催した。同じ月に、イギリスに共産党が結成された。イタリアでは労働者による工場占拠（九月）が激しくなりはじめた。

中国でも、共産党が結成されつつあった。

九月のことで、ソ連の共産党は中国にコミンテルンを送り込み、李大釗、陳独秀が中国共産党結成の準備に入った。

南の広東では、広東軍と広西軍との間に交戦が起き、十月に入って、広東政府が倒れた。日本を第二の祖国として中国革命に燃えていた孫文が、対日批判するのは、一九一九年（大正八年）頃からである。

一九一七年（大正六年）、広東に本拠をおいた孫文は、秘密結社中国革命党を改組して中国国民党とした。日、英、米の援助によって革命を推進する方針を固め、軍閥を破り、民主主義国家をつくろうとした。

ところが、日、英、米からの支援がえられず、十月革命に成功したソ連の援助に切りかえる。

一九二一（大正十年）年には、ソ連のコミンテルンから送られたマーリンと桂林で会い、ソ連に近づく。

また毛沢東はこの夏、上海で中国共産党結成を急ぐ。

孫文は、下関条約を取り消して朝鮮を独立させ、日本と中国との二十一ヵ条要求を取り消して、満州方面での旅順、大連、満鉄その他、日本権益の満期返還を求めた。

それより前の一九二〇年（大正九年）春、コミンテルンは極東部をつくり、部長のヴォイチンスキーを中国に送り込んだ。石原が揚子江の奥深い、武昌とは河を隔てた対岸の漢口にいる五月、揚子江の河口にある上海では、陳独秀、劉少奇らが中国共産党を結成していた。

同年九月には、北京で李大釗らが、年末には広州で陳独秀が、共産主義のグループを結成し、「労働界」「労働音」「労働者」などの機関誌を発行した。それらの資金はソ連共産党のコミンテルンから出ていて、日本にも運動資金が持ち込まれていた。

東京やパリでも、共産党の組織化が進んでいる。

一九二〇年十一月には、上海の共産党グループの機関誌「共産党」が発行された。上海を中心に、マルクス主義運動が、広まりつつあった。

孫文らが発行する国民党の機関誌「建設雑誌」もマルクス主義を取り上げ、のちに孫文なきあとの指導者となる胡漢民や汪精衛までもが、社会主義を論ずるようになる。石原は、そういう時代に、中国の奥深い漢口で、板垣少佐と共に、軍事情報を収集している。

彼にとり、中国大陸の実状を、自分の眼、カメラの眼で捉えたことは、対中国政策に大きく影響した。彼はこの一年余のあいだに、中国全土（満州を除く）を歩き、中国の広さ、奥深さを知る。

しかし、漢口の日本の軍人たちは、のんびりしていた。石原が東京にいる新妻銻子に送った大正九年（一九二〇）五月二十三日付の手紙には、初めて接する市の様子をこう書いている。

「司令部の人々は朝から酒、夜は殆《ほとん》ど一日も欠かさずに出掛けて、十二時前に帰ることは珍しい位です。固《もと》より本人達のすきな為めでもありませうが、土地の気分が一体にその様だ。全体日本人の人口僅か三千人の此漢口に、芸者が百人以上もいるとのこと。立派なのは料理屋計り。大抵の商人は失敗が多いそうだが、料理屋して成功しないものはないとの事、数年で数十万の財産をつみ上げた料理屋も一、二軒あるとか。（中略）」とある。

漢口から妻にあてた手紙は、大正九年五月二十三日に始まり、翌年一月二十五日付で終わっている。一枚二十行の書箋に、「銻《てい》ちゃん」と愛妻に語りかけている。昭和十二年（一九三七）の満州での備忘ノートの草書文体と違い、一字一字丁寧に、心を刻むように書かれている。

これが満州事変を計画した人物とは思えない、やさしい文である。

当時、国柱会の会員として、日蓮主義者となった石原は、淋しさを読経でまぎらわせていた。

純粋な一軍人らしさは、たとえば漢口で見た女性の判別に、のちの石原莞爾とはとても思えぬほど、または口もとを押さえたくなるような衝動を受ける。

五月二十三日の二回目の日曜日の手紙には、こうある。

「——夏の暑気は実にはげしく、凌ぎにくい事、台湾は勿論、南洋よりも甚しいとの事、大抵の日本人は皆浮腰で居る。一日も早く内地に帰りたがって居る様です。この気分が花柳界の発展する根本的原因をなす。家族をつれて来て居る人等は誠に少ない様だ（たまに連れて来て居れば其妻君の模様は丸で芸者然として居る。途を歩いても私等は芸者と人妻と見別け兼ねる位です）。こんな模様だから到底本統の根底ある研究とか調査とかは望めない。どうしても此司令部位は司令官以下全部（又は隊）、家族をつれて来、主人も夫人も腰をおちつけて少くも数年此地で暮す、而も喜んで暮す考へでなければならないと思ひます……」

「鉚ちゃん、去年の八月末以来、特に此度の出発に当り、つくして下さった御世話は、日夜感謝にたへないと思ひつづけて居ます。殊に母上へ多大の御迷惑をかけて居る事は何とも心苦しい限りです。これ以上私から貴女へ注文するのは誠に勝手の様ですが、一通りきいてくれたまへ。

それは外でもない例の信仰問題です。実を申せば私も誠に信仰心のない、はかない男です。

然しつくづく此頃考へますと、これから先も今日迄の様な空虚な生活はどうしても送って行きたくないのです。世の波にもみ流れて一生を終る様なことはどうしてもしたくありませぬ。よかれ悪かれ堅い根底ある地盤を踏みしめながら意義ある生を送りたいものだ。本仏の御心にしたがひ、我神聖なる皇室を中心として、此世界を精神的に統一するを目的とする我日蓮主義は、深い理窟は解らなくても、私の本能が甚しく之に共鳴します。もうつまらない理窟(此小さな頭ではどうにも出来ない理窟)の如何によらない私は、此臭き頭を此為に捧げたいものだと思います。深い信心と熱心な信仰によって、日夜此本仏を拝することが出来たならば、漢口の此酒乱的気分も此酷暑も何のその、此きたない漢口が寂光土となるのではありませぬか。然し私の弱い信心は誠に退転しやすいのです。実は着任以来ろくに信仰をやって居りませぬ。思へば弱い此身です。然しどうしても此芽をふきかけた信心は枯らしたくないものだと思ひつづけて居ります。

　鉥ちゃん、私はこんな精神上の問題で決して無理を申すべきものだとは思ひませぬ。貴女に無理強ひをしたところで、致仕方ないこと位は知っております。然し本当のことを打ち明けましたならば、夫婦揃って日夜同じ本仏を拝み、同じ祈願をかけて居れたなら、こんなにうれしい、こんなに楽しい事はないだろうと、毎日毎夜空想をつづけて居る次第です。鉥ちゃんも本当に仏様を拝すようになりましたなら、此の退転し易い私もどんなに心強くなる事でしょう。よしや千里離れて居ませうが、万里隔てて居ましょうが、真心で一心に本仏を拝み、それに合体出来ましたなら、其時こそ二人が完全に結合されて居るではありませぬか。

廻らぬ筆でいくら書いてもきりがありませぬからこれでやめませう。然し私の心は大体お察し下さる事が出来ると信じます。
○次の事を御願ひ致します。
1、木綿地の短袴、馬に乗る為必要です。いくらきたなくてもよいから、二つの内どれか一つ送って下さい。
2、妊娠の有無知らせて下さい。
(中略) 俸給は多分二十五日後にもらひますから、二十六日に発送します」

新婚間もない石原の寂しさが、この手紙から読みとれる。

二十九日の手紙では、友人の佐野が、毎日手紙を書くのを知って笑ったが、「人のことを笑へないもの。考へて見れば此頃迄私も七通出した。三日平均一通に当る様である」と、手紙を愛妻に書く石原は、わが身を知り、笑えなくなる。

相当、ホームシックにかかっている。

石原の宿舎は二階建て建物の二階で、今日の一DKである。壁に何本も釘が打ち込まれ、それに衣類をかけるようになっていた。彼は愛妻に、部屋の間取り図まで書いて送っている。

石原が写真をとり、写真雑誌の懸賞に応募したのはこの頃である。寂しさを、カメラで動物や風景を撮ることで、まぎらわしている。

夜は一DKの居間に置いた仏壇の前に座り、毎日読経した。

しかし、漢口に着いたら勉強しようと心に決めていたが、着いてひと月半は、なかなか落ち着けず、ようやく六月二十六日頃から、ペースを取り戻している。

六月二十六日の手紙には、

「昨夜大に決心しまして、今日はかなり努力いたしました。必ずこれを続ける考えです。大体の予定は、昼は支那の方の研究をし、夜は御遺文（注、日蓮上人の書か）を拝読する方針です」とある。

石原は独り、雄大な長江の岸を、月の光の下、散歩することが多くなる。若き日といっても、石原大尉の寂しさが想像できる。

夜遊びしない石原の寂しさを救ったのは、酒や女ではなく、日蓮上人の信仰だった。彼はこう言っている。

「これから将校団を救い、国本を堅めて行くには、どうしても此方面（注、信仰）に最も大なる力を用いなければならない」

また、石原は信仰についてこう書いている。

「信仰とは絶対に信頼である。信仰の目標は絶対唯一のものでなければなりませぬ。然るに考えて下さい。あの頃も橋本君が再三いうておりました（注、橋本とは同僚の大尉）通り、橋本君は神道に絶対の信仰がないのです。序々日蓮大聖人に傾いて居ます。而も今日神道に仕へて居るというのも、彼の父、母、川面先生、中村大人等に対する情宜から来ているものと見ねばなりませぬ。根底が違うこんなことでは到底真の信仰には入りませぬ。先覚者でも信仰に徹底し得ないのです」

中国人について、漢口に着いた印象は、その後の石原の中国政策、またのちの満州建国に係わるところが読みとれる。

そのことは、石原という人間を理解する上で見逃せない観察眼ともいえる。

六月二十日付の手紙に、その時の感想をつぎのように書いて送っている。

「支那人は民族として特に其生物的見地からして、中々あなどれない力を持っていることは勿論ですが、其社会的の発達が若干病的なところがあるものですから、政治上の道徳という様なものは全くありませぬ。今度の争等も或は中々面白い発展をするのではないかといふて皆楽しみにしています。（中略）さらばといふて一時なりとも天下の耳目を聳動《しょうどう》するに足る不世出の大英傑も中に出て来ますまいから、結局どんな事があろうが、根本的に其統一を実現する様なことは出来ますまいと思います。西洋人などは、結局支那は列国の干渉で国際管理をしてやらねばならないと考えを持つ人が多くなる様ですが、私もどうもそうではないかと考へております。その主動者はどうしても日本でなければならないと思ひますが、今では惜しい事に力が足りませぬ。力と申しましても金力や兵力よりも、もっともっと大事な正義の力が足りないのです。日本は慥《たしか》に建国の大精神に於て世界を統一すべき大正義を有して居ます。然し此所は眼前の小利害に眼がくらんで、此大事な正義の考えが光をかくして居る様です。此の力がほんとうに表われて来たならば、英米位の金や兵等決してびくびくするに足らないものだと堅く信じます」

「要するに対支の問題等も我日本から見れば決してその根本が所謂《いわゆる》其対支外交等といふもの

にあるにあらずして、むしろ国内の問題即ち我国民が建国の大精神を明に認め、其全能力を之に捧ぐる心が我国民を支配するに至らしめるという事にあると思ひます。口に正義人道をとなえ、又は英米の不正義を悪口しながらも、自分自身も小さな利害に没頭して居るものですから、金もなく武力も足らない日本としては、到底思ふ事が出来ないわけです。これが法華開眼の我国体に感激し、国民が挙《こぞ》って人道の為正義の為利害問題に超越して支那の為に計ってやるといふ考になったならば、英米の力等は少しも憚《はばか》ったり恐れたりする必要がない訳だと信じます。嗚呼《ああ》、小は一身のことから大は国家の事迄すべての帰結は、南無妙法蓮華経の七字ではありませぬか」

「（中略）西洋の真似をして一個人の小さな物質上の満足のみ目的とする様な思想が、到底我日本人を支配することは出来ないと存じます」

英国と日本の植民地政策の違い

石原が、植民政策及び朝鮮の統治について、日本で学んだことと中国にいて体で学んだことの違いが、漢口時代に体得され、また批判もしている。

それはイギリスの植民地政策がどうして成功しているか、についてである。石原はイギリス人が、夫人を呼び寄せ、一緒に生活し、土着して中国人に接している姿を見て、日本の中国政策との違いを思い知らされる。

彼はこう書いている。

「英国の植民地政策に於ける成功の理由は、勿論多々ありませようが、彼国民が植民地に移るや頗《すこぶ》る家庭的方面に力を用ひ、安定して永く其地に止ることも重大な一つだと子供の時からきかされた事が、今更ながら思い出さずには居られませぬ。男許りの行って居る植民地は、結局ほんとうのものにはなり得ない訳です。その点から見て私は日本人の、中支那方面に対する発展を少しく、あやぶまざるを得ませぬ。どうも此地方は、女に向かない様です」（七月十九日の手紙）

女性の参政権が、日本で問題になっているのを知るのは、石原が漢口にいるときである。「女性の参政権」について、石原は欧米の例もあり、参政には積極的な意見を持っている。一軍人である石原が、政治に開眼していたのは、多くの本を読んでいたからである。石原は漢口時代にも、古本屋に行って色々な本を買ったため、内地への仕送りが少なくなり、物議をかもしていた。両親は息子が夜な夜な遊んで金を使い、内地への仕送り額が少なくなったと思ったらしい。

石原の月給は三十円だった。九月頃から四割増しの手当てが出て、ようやく両親と妻銻子が生活できるお金を送ることができた。

石原の読書熱は旺盛で、一日平均三時間半から四時間だった。今日の軍人やサラリーマンに、石原のように毎日読書している人がいるかどうか、疑問である。

朝鮮人問題では、日本の統治方法に原因があると、学生時代から感じとっていた。ところが大正九年十一月下旬、南京で朝鮮人の学生が「日本下級官吏の横暴」を演説した、との話を聞くと、石原は、その学生たちが、「かつて日本が統治する以前、朝鮮人官吏から受けた誅求《ちゅうきゅう》を忘れている」と立腹している。

石原によると、日本が統治する以前の朝鮮人は、日本人官吏に受けた横暴よりも十倍ものの誅求を受けていた事実を、忘れてはならない、と指摘する。

しかし、「私はこれを理由として、日本の統治を賛美するのではありませぬ。政治論争は私には無関係ですが、元来、一国民が他国民を統治するのは重大問題です。どうしても人道上ひとつの理想を有して居るものでなければ、統治する資格を有せぬと申すべきでしょう」と、次なる持論を語っている。

「善良なる下級官吏」を置くことができるか否かで、日本統治の成否が決まる。今のままでは日本人には資格がない。本当に朝鮮人を統治するには、「日本人がよい人物となること、形而上の文明よりも、精神上すぐれた民族となり、真の人生の意義を理解して、民族の理想実現を楽しむ人を統治者に当てること。よい下級官吏を当てること」だと力説している。

漢口時代、九月頃から石原たちは、上海、北京、長河、南昌と、中国人の情報収集に動いていて、長いこと漢口をあとにした。漢口に戻るのは十二月二十四日である。

漢口は寒く、正月六日の夜、玄関前の柚子《ゆず》を盗み、隣人の石井、加藤と三人で「柚子湯」を楽しむという、石原の意外な茶目気が窺《うかが》えて驚く。

石原は漢口で現像焼付け器を買い、自分で写した写真を乾燥させて楽しんでいる。これは特務機関員として、町の様子を写真にとって民衆の生活を観察するためだった。

石原が現像焼付け器を買って自分で焼付けして楽しむのは大正十年（一九二一）一月十七日からで、ますますカメラの愛好者になって行く。

相当お金を使ったらしく、

「写真も中々金の要る遊びです。再三止めようと考えましたが、然し私共二人の遊びとして、此位のものは先ず先ず許してもらいたいものと考えています」

石原が漢口から出した妻への手紙は大正十年一月二十五日付で終わる。原因は最愛の妻銻子の漢口行きが、叶ったからである。部屋も、一軒家に引っ越した。

大正十年七月の異動で、石原は漢口から東京に戻った。七月二十日付で、今度は陸大の教官に迎えられたからである。愛妻の銻子と二人で、上海を見て回り、日本行きの船で、帰国している。

しかし一年後には、また別離する。今度は三年近く、ドイツ駐在武官として、ベルリンに住むことになったからである。

第三章——国難、ベルリンで知る

羽織袴は日本の文化だ

石原のドイツ留学は、ベルサイユ講和条約成立の三年後である。

ドイツ留学の前年、大正十年（一九二一）七月から十一年七月の一年間、石原は陸軍大学校の兵学教官だった。当時の校長は、石原が「宇垣は寝ワザ師で信用ならん」と嫌った宇垣一成である。石原のドイツ留学は、やがてくる日英同盟の廃棄後の欧州視察にあった。

留学は大正十四年（一九二五）十月までの二年と九ヵ月である。この間、石原はドイツで発行されているナポレオンの本やライカのカメラ、9.5ミリ映写機などを購入して上海、長崎経由で東京に送っている。のちに関東軍参謀となったとき、カメラと9.5ミリのムービーと映写機が大いに活躍した。

石原がドイツへ渡ったときの服装は紋付の羽織に袴、白足袋姿だった。この時の姿をおさめた写真が、今でも資料館に保存されている。ベルリン、パリ、ロンドンをこの姿で歩いて、大いに日本人をアピールした。

ほとんどの留学生や大使、商社マンたちは背広姿であったが、石原は本当の日本人の姿をありのまま見せた。

ベルリンの下宿先では、羽織姿でドイツ人の家族と一緒に写った写真がある。またロンドンでも、和服姿で市内を闊歩した。

しかし、ベルリンとパリではさほどでもなかったが、ロンドンでは、日本大使や書記官たちにクレームをつけられた。それでも彼は羽織袴姿で歩いた。その後は、さすがに不便を感じて、背広姿にかえた。

それにロンドン大使や日本からの留学将校の間から、「石原のわがままな羽織、袴スタイルはあまりにも目立ちすぎて困る」と陸軍省などへ苦情が入った。それでも石原は、

「おれは日本人だ。羽織袴は日本の文化だ。何が悪いか」

と居直った。

横浜港を発ったのが大正十二年（一九二三）一月十九日。上海、シンガポール、コロンボ、カイロ、スエズ運河を経て地中海に入り、三月二日、石原がもっとも尊敬してやまないナポレオン生誕の島コルシカ島沖を通過する。

三月二日の手紙（日記）には、

「コルシカは御承知の通りナポレオン誕生地。中々高い山ありて、白雪を戴くを見る。朝来少々雨の気味ありて黒雲の間よりこれを遠望すれば、古英雄を偲ぶに尤もふさわしき感あり。

アシャツシオ（彼が誕生地あやっちよ）は西南岸にあり。午後九時頃、遥に其付近の燈台を望む」とある。

石原は寄港する港で、その土地の人間、英国人、フランス人たちを観察し、文化の違いどころか、東洋人に対する偏見と矛盾を感じて、怒りの心境を日記に書いている。

それは三月三日、マルセイユ港で起きた。

下船したさいの、入国と税関手続きのできごとだった。フランスの税関が、日本人女性が着ている和服に課税したのである。腹が立った石原は、将来のため、フランスの外交部に対して強硬に交渉する重大な事件だった、とメモしている。

また、こうも書き残す。

「もし、きかざるときは、（日本でも）西洋婦人の衣服にもどしどし課税すべし。マルセーユは汚なく、あたかも支那の町の如し」

三月三日。パリ行きの急行に乗り込む。翌日の朝九時、パリに着くが、電報の行き違いなのか、出迎えがない。やむなく、駅前のホテルを捜して投宿した。

しかし、パリの印象はナポレオンの凱旋門とオペラ座以外は気に入らず、「無風流の小生には一向感心出来ず。却《かえっ》てパリ郊外の農村等を車中より望みし時は気持よく思へり」と、御機嫌が悪い。

それでも、パリ観察の必要から、十日ほどパリのホテルに泊まった。

隠せないカルチャーショック

石原の和服姿騒動の始まりは、パリに着いた六日目の夜の宴会で起きた。

この夜は陸軍記念日（明治三十八年〈一九〇五〉三月十日）で、パリでは、パリにいる日本の陸海軍将校の宴会が催された。この日はまた、満州の奉天を日本軍が占領した日でもあった。

午後八時。パリの日本料理店で、朝香宮鳩彦王殿下を迎えて将校数十名が集まった。石原は、わざわざ紋付・袴に着替えて出席した。

また、この宴会にはフランス将校も招待されていた。将校は石原の和服姿に興味津々だった。このフランス人の将校は、和服を見るのが初めてらしく、しきりに、

「ムイ・ビエン（とっても素晴らしい）」を連発し、石原が着ている白い羽織紐《ひも》に手を触れた。

その前に、喜んだのは朝香宮殿下だった。石原に、「和服とはおもしろいね」と感銘し、和服を持ってきた動機などを聞いている。

石原は得意がって言った。

「大和民族の素晴らしさ、文化を、毛唐どもに教えるには、これが一番よろしいです」

すると、朝香宮殿下は、したり、と喜んで、互いに気が合った。

しかし、他の将校たちは、そんな石原に「ここはパリだぞ」と言わんばかりの眼をして、間接的に忠告した。

それでも石原は、

「何がパリだ。日本人であることが、なにが悪いか。大いに日本人を知らしめるべきじゃないか。現にフランス人の将校は、パリにいる日本人すべてが和服を着用するといいと、感心していたではないか」

と反論した。

石原はこの夜のできごとと、パリを歩いて見物したあとの感想を、三月十一日付の日記にこう記している。それはいかにも、石原らしいヨーロッパ人の振る舞いを、ズバリ皮肉っている。

「本日昼食のさい、在フランス駐在員一同よりイタリア料理とかの饗応を受く。帰途パリ第一流旅館の御茶時間を狙って入って見る。パリ社交界のダンスを見んがためなり。美貌を自《うぬ》惚《ぼ》れるメス共所謂《いわゆる》キラを飾り、男を撰んで踊り狂ふ様、驚く外なく、楽隊のやかましきには殊に閉口せり。丸で御会式のブリキカンの如し。此連中は米国辺りの成金共が多きとか言うも、兎に角、毛唐共有産階級の享楽的気分は、殆ど頂点に達しあるが如し。日本の成金の如きは少しは民衆に遠慮するも、毛唐の横着は到底日本人の考へ及ぶ所にあらず。真に日本位自由平等の天地なし。憐れなる白色人種はかくの如くして、日一日と滅亡の淵に臨みつつあるにあらずや。西洋崇拝にて全く自主的精神を失ひつつある我所謂思想家や芸術家たるもの、静かに達観するを要すべし」

この日の夜は、生まれて初めてオペラを見に行くが、「やはり肉感をそそるべきやり方」「ダンスは性を主目的としたもの」と、カルチャーショックを隠せない。

それでもその夜はどんちゃん騒ぎのパリを、一人で見物して歩いた。

その感想をこう書いている。

「濃厚なる夕食をすまして恋愛芝居を見物し、相擁して不夜城の市街をふらつき歩く、これパリ人士の一日なり。勿論大部分は外国人ならん。又田舎は此の如く甚《はなはだ》しからざるべし。然し兎に角毛唐の文明の前途には、甚だ悲観すべきもののあることは明なり」

石原はパリに着いて間もなく戦場を見物するなど、各方面を駆け回った。十三日には、ナポレオンの墓参りもした。

ベルリンには、十七日の朝八時に着いた。パリ発が十五日の夜の寝台列車。オランダのアムステルダム経由でベルリンに入る。ここでは駐在員たちの出迎えを受けた。夜は武官たちの夕食会に招待される。

ベルリンに着いて何よりも心が落ち着いたのは、日本からの手紙や、「天業民報」と「朝日新聞」が日本から石原あてに送り届けられていることだった。

田中智学の息子で、里見家に養子入りした里見岸雄からの手紙や、日本から届いた新聞を夜中までかかって読んだのがいけなかった。石原はすっかり風邪を引き、一週間ホテルで寝込んでしまった。

「何と幸なる病気に候はずや」

とある。理由は、ホテルで日本からの新聞を隅々まで読めたことと、日蓮の研究、ドイツ語の新聞が読めたことである。友人の山本、中平からの手紙で、妻の銻子も風邪を引いて寝込んでいるとの知らせを知り、心配になった。

石原がベルリンに着いて初めて外出したのは、二十四日の昼である。空腹を感じてレストランを捜して昼食をとる。買物すると、そのままホテルに戻り、各方面に手紙を書いて出した。

マルクで支払って分かったことだが、ドイツマルクは一万マルクが日本円の一円。紙幣は一マルク、十マルク、五十マルク、百マルクがあるが、ほとんど貨幣価値がないのに驚く。それでいて物価は高い。

石原は日本円で二百円ほど払って、ベアカメラを買った。大変なインフレで、二ヵ月前までは五十円で買えたカメラが二百円になっていた。

このベアカメラは大きくて重いため、持ち歩きに不便になり、すぐに「ゲルツノ・テナックス」という中型カメラに取りかえてもらった。

衣類は春着がなく、外套と背広を一着買う。日本円にして六十円。だが、品物が悪く、ショックを受ける。このとき、石原は、「病めるドイツ」を見た思いがした。

ベルリンの大使館付武官は、のちに二・二六事件の戒厳司令官となり、石原と共に鎮圧した香椎浩平である。彼は香椎に、ベルリンでの生活、ドイツの政治、経済、ヨーロッパの戦況などを知らされる。

一人行動が好きな石原は、ここでも和服姿で闊歩した。しかしドイツ語は読めても、会話ができずに困った。すぐに語学教師について、ドイツ語の会話にとり組んでいる。

石原の意外な面が、ベルリンに着いて間もなく明らかになり、思わず笑ってしまう。

それは、ドイツ語の会話をマスターするため、ホテルの女中をつかまえては、片ことのドイツ語で話しかけたことである。もちろん、まったく通用せず、中国人と間違えられた。

しかし、恥も外聞もなく、単語を並べて話しかけ、馴れることに必死になっている。

四月二日の日記に、ドイツ語に取り組む様子をこう書いている。

「此頃室掛の女中は少々教養ある女なり。今日は日曜日の為め、殆ど外出。暇なりとの事なりしを以て、友人と共に此女を捕へて会話の稽古をなす。共産主義を讃美すること頗《すこぶ》る熱心にて、時に顔色をかゆ。ロシアに憧憬しあるものの如し」

まだベルリンにきて二週間しかたっていなかったが、石原が見た感想は、ドイツ人は鈍いように見えた。労働者たちは、共産主義に共鳴する者が多く、これに対し資本家は強固な姿勢が見てとれた。

しかし、一般国民はひとつになれずにいた。その原因を石原は、こう書いている。

「結局のところ、彼らがドイツ文化に対する自尊心を有しながら、益々共産的傾向に向うべくドイツ人の真価を顕はすは、此運動の成功後ならんか」

「毛唐の資本家の横暴は日本どころの騒ぎにあらず。着欧日浅く、それになんのかんのというは誤りならんも、兎に角社会的不安は中々大なるものと考えらる。根本的救済の方法立たずんば、西洋文化の前途も中々容易のものにあらざるべし」

「考えれば考えるほど日本には尊きものあり。西洋に来る人々は、先ず日本に就き十分の研究をなし来るを要するは勿論、特に尤《もっと》も公平な頭を以て、冷静に内外に対照研究せざるべからず。どうも西洋かぶれの多きには恐入る次第なり」

「世界最終戦争論」のモチーフ

石原のドイツでの本格的な勉強は、四月五日から始まる。彼の一日のスケジュールは朝六時起床に始まり、夜の九時就床までびっしりである。

午前中は、八時から勉強する予定だった。午前十時から十一時半までは、ドイツ語の先生について文法、会話を。昼は午後二時まで散歩し、二時半から六時まで勉強。六時から八時までは夕食、休息。八時より九時までの一時間は「御書拝読」とある。

だが、このスケジュールは、ポツダムに下宿してみて一部変更となる。原因は、下宿先の日課の関係からだった。ドイツでは女中の起床が七時で、朝食を六時にとることはできなかったのである。

それでも石原は六時に起床し、六時半から日蓮経の読経に入り、八時の朝食後は十時までドイツの新聞を読んだ。

そのあとは十一時まで、ドイツ語の教師について会話を学び、昼食（午後一時）後は三時から勉学、夜八時は夕食をとり、九時から十時までは「御書拝読」。これは日蓮関係やその他の本を読む時間に当てている。

全体的に一時間のズレであるが、北欧の春から夏の時間は極東とちがって、一時間ほど日が長いからである。朝七時はまだ暗く、日本の六時である。その事情を、ポツダムで下宿して知った。

勉強家だった石原は、ドイツに学ぶところありと、日記の中でこう書く。

「毛唐の勤務時間の短きには恐れ入る。必ずしもマネル必要なきも、少々参考とすべきもの多し。整理をよくす、よく遊び、よく勉むる如く、日本家庭に於ても大いに研究を要することは、兼て再三意見を述べたる所なり」

下宿の老婦人は七十に近かった。その娘が四十三歳で、三人の子供がいた。夫は戦死して未亡人。石原は覚えて間もないドイツ語で、老婦人に、日蓮の考え方を話すなど、ドイツ語の会話もしだいに身についてくる。

この年の夏、石原には思いもしない二つのできごとが起きた。ひとつは田中智学の三男で、早大出の里見岸雄（養子先）が七月五日、ロンドンに行く途中、ベルリンにきたことである。

里見は翌大正十三年（一九二四）に帰国すると、里見日本文化研究所をつくる。昭和二年（一九二七）には国体科学連盟を創立し、国体学を提唱し、美濃部達吉の天皇機関説を攻撃した。

のちに昭和十一年（一九三六）、二・二六事件直後、国柱会の主幹父田中智学を顧問として日本国体学会を創立し、自ら会長となった。昭和十六年（一九四一）には立命館大に国体学科を設け、石原は十六師団をやめたあと、立命館大に迎えられ、里見の国体学を引き受けることになる。

その里見が、石原に会いたくて、ベルリンにやってきて、知己を深めたのである。

石原は里見をポツダムやベルリンに案内しては、里見の新しい事業計画の相談にのった。里見が書いた日蓮教の小冊子をドイツで広める目的があって、石原は、日本語をドイツ語に翻訳できる人を捜し回る。

ようやく「一時間の翻訳料百万マルク（百円）」という高い値段で交渉が成立。以後、石原は翻訳家（名前は明らかにしていない。日本人か？）と一緒に、ドイツ語訳に従事することになる。

その一方で、ドイツ語マスターのため、ベルリンで映画を見る。

石原はその映画館で、アメリカ製のニュース映画を見て腹だたしくなった。ドイツ語で語るニュース映画は、排日宣伝のフィルムで、アメリカで問題になっていた日本人移民の禁止である。

石原の「対アメリカ観」は、この時点で芽ばえ、ほぼ固まりつつあった。名論文「世界最終戦争論」は、この八月二十八日のベルリンの映画館で見た「排日運動」のニュース映画がモチーフになっている。

石原は、日記にこう書き残している。

「考えて見れば少々大人気なかりし、然しアメリカは気の毒ながら、何時かは一度叩いてやらざれば、彼を救う能はざるなり。日本の妙法に帰したる後、世界各国の役割次の如くならん。

平ノ左エ門　米国

良寛　英国

法然　支那」

ベルリン時代、石原と親交のあった人物に太田金次郎、音楽家の鈴木某がいた。太田は早大出の弁護士で、東京裁判のときは土肥原賢二陸軍大将（死刑）の主任弁護人をつとめた。大正十二年（一九二三）八月二十七日、語学勉強のため一緒に映画を見に行った「友人」とは、太田金次郎かと思われる。

石原はこうも書く。

「最後の抵抗は支那なり、とは小生の持論なるも、目前の闘諍には良寛たる英国を黒幕とす平ノ左エ門、米国君が大なる役割を演ずることは、世人何人といえど信じて疑はざる所ならん」

大杉の死と甘粕の過失を悲しむ

石原がドイツにきて半年たった大正十二年九月、日本は未曽有の関東大震災に見舞われた。石原はそのことを、ベルリンで買ったドイツの新聞を読んで知る。ドイツでは第一面で大きく報道された。

ドイツのポツダムでも、地震計が大きく揺れたそうで、この地震は地球の裏側にまで達した様子が、石原日記に書かれている。

ベルリンの大使館に入った電報では、毎日新聞の社説を、こう紹介している。

「毎日新聞社説によれば、日本は数世紀この大打撃を恢復し難かるべく、日本は既に第四等国の国内に落ちたりとの事、電報に見ゆ。然れども吾等は之を信ずる能はず。戒壇国がいよいよ最後の大奮闘をなすべきときは、刻々に迫りつつあるなり。数世紀どころか数十年後には必ずや一閻浮提未曾有の大闘諍あるべく、それ迄には日本の物資力も、大に充実せざるべからず。此度の大惨害恐るべく、国富の損失真に計り難きものあらん。然し此大準備を根本的に破壊したるものにあらざるを、確信せざるを得ず。

我徒の損失は如何。今や真に我徒が大挙諌国すべきときは来れる也。多くの会員中には不幸者も多からんが、又親戚知人にも不幸多かるべし。然し銻子君よ、我等は深き深き悲しみの中にもよく天意のある所を体し、法の為、国の為め、真に一命を捧ぐべきときは来れる也。おお、偉大なる自然の力、今更ながら人事の無力を痛感せざるを得ず。此の如き弱き身を以て、幸にも太陽に会することを得たる」「甲府や身延はいかに?」

九月六日、日本の田中義一陸軍大臣からの公報電報がベルリンにも届いた。石原は東京の家のことや国柱会のことが心配になっていたが、陸軍省からの電報や新聞記事の電報を読むうちに、毎夜、泣き崩れた。

しかし、日蓮信者の石原は、

「この大難をたえれたる我数十万の同胞よ、兄弟は国のため此尊き犠牲をはらわれたり。我ら生き残れるものは、誓て兄弟の犠牲を有意義ならしめん」

「百億、千億、此の如き物質的損失は決して嘆くべきにあらず。恐るべきにあらず。今や正しく又立憲養正会政策の命ずる所に沿って、新しき国家行政、経済、組織を完成し、国民の全力を統一して之が復旧を計るべき也。資本家共の任意的活動に放任するが如き、断じて不可。

要すれば陸軍の如き十分の一に減ずべし。余す如き直ちに職を捨てて土方人夫とならん。真に一身を君国に捧ぐべきときは切迫しつつあり。銻子君よ、大に奮へ」

土方となって、国に奉仕する決意を見せる石原莞爾の若き姿は、やがてくる満州国づくりと似ている。いかにも石原らしき思想が、ここベルリンでも窺《うかが》える。

のちに石原を満州から追い出すことになる甘粕正彦大尉が、関東大震災後、「職務の過失」により多数の上級将校が処分されたその知らせを九月二十三日に知るが、その内容は十月三日に分かる。

「職務の過失」とは、大杉栄夫妻を殺害して井戸に埋めた事件である。

石原は大杉栄のことを、

「日本における偉大なる人物・彼を殺すに同意し難きも、然し口に憤慨しながら実行の意気なき者共の集合しある今は、甘粕の行為は讃嘆に価す。元来人殺しは食ふに困る人間のなすこと也。主義の為、衣食足る人間がなす場合は誠に少し。真に一の信念、大信念あるものにあらざれば、出来ざる事なればなり。我日蓮門下に大杉一派だけの信あるもの幾人ありや。甘粕氏位の信ある人幾人ありや。自分自身らを省みて、真に御恥しき極りなり」

この文章には、東亜連盟を起こし、右翼からも左翼からも幅広く人材を惹《ひ》きつけた石原の、底知れぬ包容力が読みとれる。

彼には右も左もなかった。優秀な人材は右であろうと左であろうと、必要な人材を起用して、満州国家づくりに備えていた。大杉の死を悲しむと同時に、甘粕の過失をも悲しんでいる。

日本はどうなっているのか、石原は気がかりでならなかった。

大正十三年（一九二四）の七月十八日。石原は船便で届いた日本からの新聞をむさぼるように読んだ。ベルリンでは、しきりに「日米は戦うのか」と話しかけられ、石原は返答に困った。

ドイツ人が日米戦を言うのは、アメリカのカリフォルニアで日本人排斥運動が起こり、日米衝突がまぬがれないだろうとの観点からだった。

「国難来！　と口に叫びつつも、真の国難を痛感ある人は幾人ぞ。当地間でも毛唐は必ず日米戦争のことを問う。毎度大気炎を挙げつつあり」

ベルリンにいると、ロシアから戻ってきた友人から、ロシアの政治と軍の動きの情報が入った。ここでも、やはり「日米戦」が話題になった。

ワシントン会議による主要戦艦の保有率の協定により、日本海軍は英、米の六割保有に削られたうえ、日英同盟も破棄されるところまでくる。そこに、アメリカ本土での日本人排斥騒動だった。

大正十四年（一九二五）の夏、石原のベルリン留学は終わる。ドイツ語の会話も文書も、また日常の新聞の読解力も身についていた。イギリス、ロシア、フランスなどの政治、経済、軍の動きは、ベルリンにいると手にとるように分かった。

彼は帰国ルートをモスクワ、満州、朝鮮経由神戸行きを選んだ。その理由は、日蓮宗関係者と会うためだった。

石原がベルリンから帰国の途につくのは、大正十四年九月。本を入れた荷物は船便で東京へ送り、トランク二つの荷物を抱えてベルリン駅を発った。

この時の服装は紋付、袴、羽織姿である。モスクワ経由でハルピンに出て、そこから長春（新京）へ乗りかえ、長春ホテルにしばらく泊まっている。

ベルリンを発つ前に、東京の石原家では、世田谷に二階建てを新築していた。一階応接間は書斎室兼用で、ドイツから船便で送った本を、本棚にびっしりと並べることにしている。

また妻の錦子には、

「二階建てならば、階段の下に小さな暗室あらば尤も妙、折角買いし写真器なれば、帰朝後少々稽古したきものなり。然らざれば、聖地写真も誠に心許なし」

と、手紙に書いている。

カメラ愛好家の石原莞爾少佐（大正十三年八月に少佐）の意外な素顔が、ここに現われている。

徹底した「満州占有論」者となる

帰国した石原は、その年の十月、陸軍大学校の兵学教官になった。三十六歳だった。

石原陸大教官は、大尉時代の一年間と、大正十四年十月から昭和二年の三年間である。

主に、フリードリヒ大王とナポレオンの戦争指導など、「ヨーロッパ古戦史」を講義した。

フリードリヒ大王とナポレオンの会戦が主なテーマで、関係本はベルリンで何十冊も買い込み、船便で送り届けている。

一階の応接間の部屋は周囲が書棚で、原書がびっしりと並んでいた。また、漢口時代に賀川豊彦の講演を聞き、クリスチャン賀川が書いた「死線をこえて」の本も並べた。この本は漢口時代に涙を流して読んだ一冊だった。

ナポレオン関係の原書は、いずれもドイツ語版である。

石原が尊敬してやまない人物は、ナポレオンとフリードリヒ大王の二人だった。フリードリヒ大王は持久戦争の代表的人物で、ナポレオンは決戦戦争の天才と評価する。

青山の大学には、馬に乗って通勤した。

大学教官時代、革新派将校の討論会に加わったり、軍人たちの研究会にも参加するなど、みずから戦争論を語っている。

陸大教官時代の三年間は、疲労過多のさいに出る持病の中耳炎で六ヵ月間入院したこともあったが、それでもヨーロッパ古戦史の研究に明けくれた。

陸大でヨーロッパ古戦史を講義したのは石原のみで、学生たちには大好評だった。アンコールが出て、続編を講義している。

石原が教官三年めの昭和三年（一九二八）六月、彼がよく知る、また石原を後任として関東軍参謀に推した河本大作大佐（関東軍高級参謀）による張作霖爆死事件が起きた。

日本政府は「張の満州支配」をもくろんだが、張は、「今満州に退ぞいては日本の保護下に入り、傀儡《かいらい》となる。国民政府と妥協して」自己の政治生命を保とうとした。

しかし、蒋介石の国民政府はこの妥協を許さず北京に迫った。六月三日、張作霖はやむを得ず奉天（満州）に引き上げることにした。その途中、奉天近くで、関東軍の河本大作大佐が中心となり、張作霖の特別列車を爆破させた。

現場には国民革命軍の仕業と装うため、偽の密命を持たせた苦力《クーリー》二名の死体を残した。この謀略で武力衝突を引き起こし、一気に満州支配を狙う目論見だった。

田中義一首相は、真相について天皇に、「蒋介石軍の便衣隊の仕業」「日本軍の一部関与。厳罰にする」と上奏した。しかし、軍部の強い意向で、河本大作大佐らを行政処分するに留めた。

二転三転する田中義一の上奏に、若い昭和天皇は怒って、

「田中に会いたくない」

と不快感を示した。このあと、田中内閣は総辞職し、また参謀本部も大幅に人事が異動した。それからしばらくして、田中義一は、麹町の別邸で持病の心不全により急死した。自殺説もあり、死因は今もナゾである。

この張作霖爆死事件の真相は、中国側が取り調べた一九五三年（昭和二十八年）四月六日付の「河本大作供述調書」から、関東軍の村岡長太郎司令官の暗殺立案だったことが判明している。

この供述文は、読売新聞の「ＴＨＩＳ　ＩＳ読売」（一九九七年十一月号）に掲載されている。

それによると、村岡長官は、「兵力にまさる張作霖軍と関東軍は正面対峙することになる。しかし、満鉄沿線には二十万人の日本人居留民をかかえ、奉天で局部的に衝突が起きたら、第二の済南事件が起きかねない。事件が起きたら、千キロに及ぶ満鉄を守らなければならず面倒なことになる。そこで衝突の発生を防止するために、張作霖を暗殺し、張軍の指揮系統を攪乱する」ことにした。

司令官は竹下義晴中佐を派遣し、北京公使館付武官の建川美次少将と駐天津軍司令官の鈴木一馬少将に張作霖暗殺を依頼した。

河本大佐は、先に村岡司令官の命でやってきた竹下義晴中佐に、「私は反対だ」と断わっている。しかし、北京公使館の武官にも、天津駐留軍にも任務を遂行する力はなく、河本は、「ならば参謀がやるしかない」と、具体的な計画に入る。

河本は役山中佐、尾崎少佐、菅野少佐、川越大尉らと検討した結果、列車転覆の手段しかないとの結論を出し、工兵中隊長一人を現場にやって調査させた。河本は、供述書の中で、「場所は任屯の東一キロの地点で満鉄線と奉山線が交差するところを実行場所と決めた。この地域の守備は、独立守備隊第四中隊長の東宮鉄男大尉の担当だった。事情をのみ込ませるため、彼を参謀本部に呼んで説明した（中略）。六月四日午前五時五十分、張作霖が乗ったコバルト色のよく目立つ装甲車両が皇姑屯を出発した。交差点にさしかかったところで、東宮は起爆装置を作動させた。一度目は失敗だった。一秒後、二度目で成功した」

と語っている。

この事件は、関東軍村岡司令官が計画し、河本大佐らが東宮に実行させた事件であることが、河本が亡くなる年の四月六日付の口頭供述で明らかになった。

河本大作大佐は、その年の昭和二十八年八月二十五日、中国山西太原の戦犯管理所内で病死した。殺されたとの噂もある。

石原が関東軍参謀を命じられるのは、張作霖爆死事件から四ヵ月後の十月である。

この事件後の関東軍参謀に異動がある。まず、花谷正が八月に関東軍参謀となった。のちに花谷は、奉天特務機関の補佐官として、石原と共に満州事変を企画する人物である。

その後、二ヵ月おくれて、陸大教官の石原に参謀の声がかかる。石原には昭和三年（一九二八）十月十日、関東軍作戦主任参謀の内示が伝わった。その前から石原には、張作霖爆死事件後から、石原起用の話が伝わっていた。

石原は十月二日、陸士同期（二十一期）の平林盛人、富永信政、飯村穣らと千葉の海気館に出かけて会談している。また、大学から借りてきていた図書を十月五日に大学に返し、九日には「支那財政論」を購入して勉強している。正式な内示は翌十日である。

十四日には、ベルリンで知り合った香椎浩平宅を訪ねて、満州に行く旨を伝える。のちに、二・二六事件の処理では、香椎と石原のコンビで解決する仲になる。

香椎との仲は、留学中のベルリン以来、生涯続く。

十五日には陸大へ行き、最後の講義をやり、学生たちと別れた。品川駅から神戸へ発つのはその日の夕方で、二十日、旅順の関東軍司令部に入り、村岡長太郎司令官に挨拶する。

家族が旅順に着くのは、一週間後の二十七日。二日後の二十九日には、官舎に引っ越した。

石原莞爾が、関東軍の作戦計画起案に着手するのは、十一月一日だった。

当時の石原は、「満州国づくり」ではなく、徹底した「満州占有論」者だった。

第二部　王道楽土への道

第一章――関東軍参謀

時代の要請だった石原の登場

昭和三年（一九二八）十月から昭和七年（一九三二）夏までは、石原莞爾の満州政策が大きく変化し、また満州国家づくりの基礎となった四年間であった。

石原を作戦主任の関東軍参謀に推薦したのは、張作霖爆死事件を仕かけた河本大作（大佐）だったといわれる。河本は第九師団軍司令部付になり、昭和四年（一九二九）七月に停職処分された。

石原を作戦主任参謀に推すとなれば、香椎浩平の線も考えられる。

関東軍の首脳は村岡長太郎軍司令官の下に三宅光治参謀長、板垣征四郎高級参謀。ほかに参謀として高橋茂寿慶、花谷正、高橋謙吉、片倉衷、中野良次、武田寿、新井匡夫らがいる。のちに花谷は、奉天の特務機関長土肥原賢二を補佐する。

板垣と石原の関係は、漢口時代の特務機関で、上司と部下の関係を越えた同志であった。

石原は板垣の人物と実行力に惚れ、高く評価している。

一方の板垣は、石原の知謀を心から信頼していた。

板垣の着任は石原より遅く、翌四年五月である。前任の河本大作高級参謀に変わっての異動だから、関東軍へは先に石原が着任した。

板垣の人事も、石原にとってみれば奇遇であった。誰が推したのか、これもナゾになっている。しかし、その時点でナンバー3の石原が村岡軍司令官と三宅参謀長に働きかけたからではないかとも憶測されている。参謀本部も陸軍省の局長たちは、河本なき満州を、石原に賭けていた。

その意味では、石原の登場は関東大震災、世界恐慌、金融不安と、先行きの見えぬ日本経済、沈痛な思い、行き詰まった日本が求めていた時代の要請だった。

しかし、陸大教官時代の石原は、満州国独立はもとより、五族協和、東亜民族の提携ではなく、「満州占有」による日本国家づくりであった。

日本の国防方針も、ナポレオンの対英戦争におけると同様に、一方では大陸で戦闘力を養い、ソ連の南進を断念させ、他方ではアメリカ及び世界に対して持久態勢をとるため、国防の根拠地を満州大陸に置かなければ、日本の国防は破滅に終わる、との結論である。

関東軍参謀になる前の陸大での講義に、そのことに触れている。

「現在及び将来に於ける日本の国防」は、石原が陸大教官時代、伊東の温泉で療養中に起案したもので、「欧州古戦史」の講義に使ったものを、昭和六年四月、旅順で清書している。

それによると、講義のテーマは、世界の大勢、日本の使命及び日本の武力、戦争の現在及び将来、現在に於ける日本の国防、日本将来の国防の五項目で構成されている。この中で石原は、

「西洋史はその中心を欧州より米国に移しつつあり。全世界金融の中心は、ロンドンではなくニューヨークに移ると共に、各種の西洋史文明は、今や全速力をもって米国に集中を開始しつつある」

「世界大戦の襲来は、決して遠き未来の事にあらず、吾人は今より十分なる準備と覚悟を要するも、同時に、現状に於て其《その》足下に注意を要す。而して現在の国防と世界大戦との間には、決して無関係のものに非ずして、現今の国防に関する努力はやがて世界大戦の一準備となるべし」

「我国情は殆《ほとん》ど行詰り人口糧食の重要諸問題皆解決の途なきが如し。唯一の途は、満蒙開発の断行にあるは輿論の認むる所なり。然るに、満蒙問題の解決に対しては、支那軍閥は極力其妨害を試むるのみならず、列強の嫉妬を招くを覚悟せざるべからざるのみならず、国内にもまた、之を侵略的帝国主義として反対する一派あり」

「満蒙は漢民族の領土に非ずして、寧《むし》ろ其関係は我国と密接なるものあり。民族自決を口にせんとするものは、満蒙は満州及び蒙古人のものにして、満州蒙古人は漢民族よりも寧ろ大和民族に近きことを認めざるべからず。現在の住民は漢人種を最大とするも、其経済的関係亦《また》支那本部に比し、我国は遥《はるか》に密接なり」

「持久戦争に於て特に重要なるは財政なり。フリードリヒ大王の戦、ナポレオンの対英戦争が如何に彼等の財政に至大な力を用ひ、且《かつ》、其天才を発揮せるやを見るべし。もし貧弱なる我国が百万の新式軍隊を出征せしめ、莫大の軍需品を補給するものとせば、年に費す所幾何ぞ。忽《たちま》ち破産の運命を免るる能わざるべし」

そのため、満蒙の開発が急務と強調している。

この論文の最後は、「日本将来の国防」である。その中で石原はつぎの二点を、結論づけている。

第一点は、もっとも重要なる攻撃兵器は飛行機で、その研究に全力を傾注すること。そのためには民間に頼るよりも、官業で飛行機の開発にあたること。

第二点は、国民が強固な意志を持ち、将来の惨状に堪えること、団体訓練、爆撃に対して木造建築から、レンガやコンクリート、石造など洋式の建物が望ましい。

また外交にも触れて、こう書き加えている。

「外交は日本の得意にあらず、これ日本人の正しき性格の為なり。日露講和の際、日本外交は失敗なりしならん。これを責むるも可なり。然れども、我武力の不十分なりしことを、吾人軍人の最も留意すべき所なり。日本の消耗戦争は目下における欧州強国のそれとは異なる」

石原はすでに、アメリカとの最終戦争を予測していた。それには満州の産業を興《おこ》し、航空機と戦車、自動車、さらに石油、石炭のエネルギー資源を確保して、最終戦争となるであろう対米戦争に備えねばならないと、この時点から唱え続けている。

満蒙の総面積は東三省（奉天、吉林、黒龍江）、熱河省を加えると、日本の総面積の二十倍である。人口は満蒙人が三千万人、朝鮮人が百万人、日本人が二十万人である。

日本はこの地域を対ソ連戦上の重要地域として、外交、軍事上からも重視していた。しかし、満州には張作霖の息子の張学良の軍隊が二十三万人いた。これに対して日本軍は、鉄道守備大隊六個大隊、派遣一個師団、旅順重砲大隊、関東憲兵隊の総兵員一万五百人である。

二十三万の兵を持つ張学良は、父親を殺した日本への復仇《ふっきゅう》の念が強く、あちこちで排日運動を起こしていた。しかも張は、父親が使っていた五色旗をやめ、国民政府の青天白日旗をかかげていた。

しかし、石原は張学良軍の抗日、排日運動よりも、満蒙の処理には対ソ連関係を強めなければならないと考えていた。昭和四年七月、石原は「関東軍満蒙領有計画」を立案して、ソ連との国境近くの満州里でこう説明している。

第一。平定のため。
①軍閥（注、張学良軍）官僚の掃蕩、その官私有財産の没収。
②支那軍隊の処分、そのためには巧妙なる武装解除、兵卒の処分をやる。
③逃走兵及び土匪の討伐掃蕩。
④これらに要する臨時費は、没収せる逆産及び税収による。
第二、統治方法として。

①もっとも簡明なる軍政を布き、確実に治安を維持する以外、努めて干渉を避ける。そして日、朝、支三民族の自由競争による発達に期待する。

その結果、日本人は大規模の企業及び知能を用うる事業に、朝鮮人は水田の開墾に、支那人は小商業労働に、各々その能力を発揮して共に共栄の実を挙ぐべし。

②行政は、根本方針としてはなるべく急激なる変化を与えざること。行政組織及び区域は総督府を編成。大・中将が総督になり、その下に幕僚長（少将）、民政部長、道尹（注、日本の国土相）、憲兵司令官、師団長を置く。──

この中で、石原は支那人を奉天、安東などの十の道（注、日本の県）に置くことを提案している。

③治安維持については、主体は守備隊だが、地方によっては若干の自治警察を許すが、その場合、その行動を監視する必要がある。また総督直属の憲兵を地方警務のために置く。

④財政はなるべく間接税とし、徴税組織をつくる。収入はいくらになるか分からないが、歳出の予算は、軍事費として、守備隊用二千五百万円、駐劄《ちゅうさつ》師団用に四千万円、合計六千五百万円を計上する。──

石原は税収を上げるため、金融、産業は自然な発展を待つが、戦争のため満州経済界が受ける影響をあらかじめ研究して対策を計画する。また、大豆の輸出減少もありうるため、大豆工業の官営を考えている。

国防は、四師団でソ連（石原は露国と表現）の侵入に備える。開戦のときは、朝鮮より一兵団を沿海州に作戦させる。また、ソ連の飛行機による攻撃に備え、飛行隊を増加する必要がある。

北満には、四個師団を三個師団に縮小しても、自動車隊を編成、なかでも装甲車隊の強化を研究する必要があるなど、対ソ連に備えた満州国家づくりを提案している。

これは、石原が参謀となった最初の満州の行政組織、産業振興、対ソ連への備えである。

石原はまた、ウラジオストックを基点にハルピンまでの爆撃機の活動距離を六百キロ、西のチチハルまで九百キロ、チチハルからハイラルまでが四百キロ、さらにチチハルから西のチタまでが八百キロ、ハルピンから北のシベリア鉄道のブラゴウエスチェンスクまでが五百キロと、爆撃機の活動半径を計測している。

これに備えるには、飛行隊の増加が急務、と進言する。

満州対策私案の骨子

石原の満州対策は、昭和四年（一九二九）七月四日の、北満参謀旅行第二日の講演原稿、「戦争史大観」及び七月五日、車中で討議した「国運転回の根本国策たる満蒙問題解決案」の中に、「満蒙解決は日本の生きる唯一の道である」ことに徹していることが、はっきりしている。

なかでも七月七日の「解決案」は、ポリシーが明白である。この案は、作戦参謀の石原私案で、これをもとに視察旅行中の車中で討議している。いかにも石原らしく、車中でも勉強会を開き、重大な討議を行なっている。

この石原私案の骨子は、つぎの四つである。

一、満蒙問題の解決は日本の活《い》くる唯一の途なり（つまり、生命線である）。

二、満蒙問題解決の鍵は帝国国軍之を握る。

三、満蒙問題解決方針。

四、対米戦争の為め調査方針。

第一項目の「日本の活くる唯一の途」の中で、石原は、国内の不安を除くためには対外進出を要すとして、満蒙の開発の意義をこう語っている。

「満蒙の有する価値は偉大なるも、日本人の多くに理解されていない。満蒙問題を解決しえれば、支那本部の排日は同時に終熄する」

「満蒙問題を積極的に解決することは、単に日本のためだけでなく、多数の支那民衆のためにも、最も喜ぶべきことで、正義のため、日本が進んで断行すべきものである」

「歴史的関係から見ると、満蒙は漢民族よりも、むしろ日本民族に属すべきものである」

そして、満蒙問題解決の鍵を、つぎのように説明する。

1、満蒙問題の解決は、日本が満蒙を領有することによって、初めて完全に達成される。対支那外交は即《すなわ》ち対米外交である。満蒙を領有するためには、対米戦争を覚悟しなければならない。

2、対米持久戦に於て、日本に勝利の公算がなきが如く信ずるは、対米戦争の本質を理解せざる結果である。ロシアの現状は吾人に絶好の機会を与えつつある。

解決方策につき、石原はつぎの二点に絞る。

1、対米戦争の準備ならば、直ちに開戦を賭し、断乎として満蒙の政権をわが手に収む。満蒙を合理的に開発することより、日本の景気は自然に恢復し、失業者が救済できる。

2、もし戦争がやむなきに至った場合は、断乎として東亜の被封鎖を覚悟し、適時、支那本部の要部をわが領有下に置く。わが武力により、支那民族の進路を遮《さえぎ》りつつある障碍《しょうがい》を切開して、経済生活に溌剌《はらつ》たる新しい生命を与えて、東亜の自給自活の道を確立し、ひいては長期戦争を有利に指導することで、目的が達成される。

石原はすでに、アメリカとの戦争を想定して、四億の中国、日本の自活の道を具体的に提案している。アメリカとの戦《いく》さは、すなわち欧米との戦さも意味していて、その方法を打ち出している。

1、東亜が封鎖せらるるものと仮定する。その場合、経済状態を調査して対策を立案する。これは政府の仕事だが、そうはいっておれず、差し当たり、満鉄の東亜経済調査局に立案させる。

調査の方針は、西洋流の学問に捉われず、我武力により支那積弊の中枢を切開して、四億の民衆に経済的新生命を与える。さらに、商工業を振興し、なるべく速やかに欧米列強に対して我工業の独立を完了することを根本とする。

2、満蒙及び支那本部を占領する方法だが、軍部自ら根本を立案し、細部は各専門家に研究してもらう。

海軍の戦費も、その一部を大陸が負担する。

この頃の石原は、一満州の統治だけではなかった。彼は中国を七ブロックに分けて統治するとの構想をも描いている。もっとも、この構想は大きく変化していくが、なかでも最重要拠点は満蒙だった。

石原の中国七ブロックの統治は、あくまでも理想論である。こう記している。

一、満蒙総督を長春に置く。エリアは満州及び熱河を特別地区。ここでは日本軍隊が徹底的に治安維持にあたる。

二、北京に黄河総督を置く。エリアは直隷、山東、山西、河南、ハルピン特別地区。

三、南京に長河総督。エリアは江蘇、浙江、安徽、福建。

四、武昌に湖広総督。エリアは湖北、湖南、江西。

五、西安に西方総督を置き、陝西、甘粛、青海、新疆、外蒙を統治。

六、広東に南方総督を。広東と広西を統治。

七、重慶に西南総督を。エリアは四川、雲南、貴州、川辺特別地区。

この七ブロックの統治方法として、満蒙総督は日本軍が治案の維持に当たるが、北京と南京、武昌では、武力は日本軍だが、清朝が支那を統治した方式で、地方の治安には在来の支那軍隊を用いる。

西安、広東、重慶では、総督は支那人を用い、治安は基本的には支那軍隊を用いる。

このように、満州と蒙古、それに全中国の統治方法を提案している。

中国側からすれば、日本軍による占領政策ということになるが、石原は東亜四億人の生きる方法として、七ブロックの確立を考えていた。

石原の対米英戦争論は、昭和五年（一九三〇）三月一日、満鉄調査課での講演会の中で、具体的になってくる。

この「講和要領」の中で石原は、「日米戦争は必至の運命なり」と、つぎのように語っている（概略のみ）。

「日米戦争は持久戦となり、最後は決戦戦争となる。決戦・持久両戦争は変わって行く。対米持久戦争が予測されるため、西太平洋の制海権を確保する必要がある。

もう一点は満蒙の占領である。敵軍隊を掃蕩し、解散軍隊を利用する。統治の方針は、わが兵力をもって徹底的に治安を維持し、重要な企業を統制して育て、日、支、朝、蒙の各民族の自然発展により共栄共存を計る。但し、支那農民の富力を増進するため、特別な方法で叶うようにする。

第三点は、支那本部の領有で兵力を用いる場合は英国の参戦を覚悟せねばならない、また、支那民族の自然な発展を妨害する病根は打倒し、新しい生命を与えるようにする。

日本国内にあっては、国力の統制を完うして、日支を、打って一丸とする大経綸を実行する。

満蒙問題を解決する唯一の方法は、満蒙を領有することで、これがためには、
①対米戦争の準備を完了すること。
②国民に、満蒙の真価、対米持久戦は恐れることではないことを知ってもらわなければならない。

また、満州には常時四師団をおき、兵卒を一年交代でおく。支那本部には十師団、朝鮮には二師団、合計十二師団を置く。ここでも常時、兵卒を一年間、兵役につかせる」

石原は二ヵ月後の五月二十日、長春では「軍事上より観《み》たる日米戦争」と題して講演した。畑俊六参謀本部第一部長が統裁した参謀演習旅行と、秩父宮雍仁《やすひと》親王（昭和天皇の弟）が参加した陸軍大学校生徒の戦史旅行のさいにも、「日米戦争は必至の運命」と説いている。

このなかで、石原は戦争の性質をこう語っている（原文のまま）。

「飛行機ニヨル神速ナル決戦ニシテ、未曾有ノ悲惨ナル状態ヲ顕出スベク、人類最後ノ大戦争ナル。

戦争ノ行ハルル時機。米国ニ西洋文明ノ集中完了スルコト、日本文明ノ大成スルコト、飛行機ガ無着陸世界一周ヲナシ得ルコト、数十年後ナルベシ。

日米持久戦争ノ原因ハ支那問題。平和ナキ支那ヲ救フハ日本ノ使命ニシテ、同時ニ日本自ラヲ救フ唯一ノ途ナリ、之ガ為メニハ米国ノ妨害ヲ排除スルノ必要ニ迫ラルベシ」

「そして戦争の性質は、米国に対する日本の持久戦争は欧州大戦、日露戦争とも性格を異に

する。ソ連は恐るるに足らざる今日、我軍は十八世紀に於ける英国の如く、戦争により得る所大なり。即ちこの戦争により、日本は目下の国難を打破して国運発展の基礎確立と同時に、対米決戦、戦争の根本的準備をなすものとす」

「私の結論は、先ず国内を統一すべしとの論は歴史の大勢を知らざるものなり。目下の時世は、日清日露戦争時代の如く、国家が直線行進の時代にあらずして明治維新にまさる急角度の方向変化の時代なり。この如き場合は、先ず武力的大成功を必要とす。

即ち日本は先ず近く行わるべき日米持久戦争により、国内を統一して国運の基礎を固め、次で行われる決戦戦争により、世界統一の大業を完成する」

酒が飲めない石原は、その夜どうしただろうか。彼は宴会と女遊びに出るのが嫌いだった。石原よりも二ヵ月早く関東軍参謀となった花谷正は、『別冊知性』12号に「満州事変はこうして計画された」の論文を発表しているが、その中で石原のことを、こう書き残している。

「日蓮宗の色彩が強かったことはあるが、ともかく思想家であったという点は当時の軍内においても珍らしい存在であった。又非常に私生活の正しい人で、若い時はどうであったか知らないが、女遊びや宴会に出ることなど一切しなかった。只彼の短所は、他人より十年二十年先のことを考えていたせいもあるが、言い出すことが良く言えば天才的、わるく言うと奇矯、突飛に見えることがあり、現実ばなれしていると誤解されることがあった。しかし決して夢想的理想家ではなく、一旦綿密に計画を策定すると電光石火の如く、強力に実行して行く胆力を持っていた。満州事変当初の作戦は世界軍事学界の驚歎の的になったといわれる」

(原文のまま)

日本が生きていくための道

石原莞爾は、単なる軍人でも戦争屋でもなかった。彼は、日本の国づくりを考えた政治家であり、思想家でもあった。

満蒙及び中国全土の統治を力説するのは昭和四年七月だが、経済恐慌で銀行の倒産、企業倒産による失業者の増加という暗い時代で、日本が生きて行くには、満州開発なしでは不可能な時代だった。もしも満州を放置していたなら、張学良及び彼の背後にある南京政府の排日により、満州大陸の足がかりを失っている。

日本が生きていくためには、満蒙を中国本土から分離させ、満州住民に王道楽土を建設することにあった。そのため、各地に鉄道を敷き、物資輸送をスムーズにすることが急務だった。

そのため、石原はすでに昭和四年春には、ハルピン駅からの大豆や石炭、鉱石など物資輸送の新しいルートに着手していて、満鉄の駒井徳三や松本侠、また若い参謀たちに新輸送ルート開発を指示していた。

そのルートとは、ハルピン駅から東へ出て、北朝鮮の港から新潟、小樽、酒田、舞鶴など日本海沿海の港へ短時間で海上輸送する構想である。

北朝鮮の港とは、ウラジオストックより南の、ソ連国境近くの雄基、羅津、清津の港である。この三つの港のうち、雄基港は風が強く、いい港ではない。清津は急に深くなり、築港の拡張には不向きだ。その点、羅津は良港で、大連以上の港になる、と石原は現場を見て、満鉄や朝鮮総督府に、築港工事の必要を説いてきた。

石原は、昭和四年には大連港からの物資輸送は時間がかかること、コスト高であること、鉄道破壊など危険性があり、満鉄のみの輸送は命とりと見て、吉林から朝鮮国境を視察して輸送ルートを考案している。

たとえば大豆を北満の克山、松花、ハルピンから日本へ輸送するには、ハルピンから陶頼昭（支那鉄道）、陶頼昭から新京までは北満鉄道（ソ連鉄道）、長春から大連までは日本の鉄道を利用している。

ハルピンから三つの鉄道を使って大連へ出るまで三日かかる。混雑する大連港から日本の門司、下関へはまた二日。万一、鉄道に支障が起きたら立ち往生し、大豆は腐ってしまいかねない。

石原は北満でしかとれない大豆のほか、石炭や鉱石類及び満州で製《つく》られた軍需物資などを輸送するため、満州事変後、ハルピンから拉法、拉法からさらに東へ出て、北朝鮮の国境を越え、雄基、清津、羅津の三つの港を環状線状に建設されている日本鉄道に結びつけ、羅津港から新潟など日本海に面した港へ船で輸送する考えである。

拉法は長春の東側、吉林よりもさらに東にある。ハルピンと長春（新京）、拉法を結ぶと三角形の頂点になる。しかも長春から吉林、拉法までは支那鉄道が走っている。ところが、拉法から北のハルピンルートも、逆に東の羅津港への鉄道もない。

石原は満州事変前から、満鉄に働きかけて鉄道建設を急がせていた。たとえば北満の佳木斯《チャムス》。ここは大豆の生産地で、従来は支那鉄道を使って三姓経由でハルピンに出していた。さらにハルピンから大連へ運び出している。早くて三日、遅いと五日から一週間かかる。

石原は佳木斯、三姓地区の大豆を日本に運ぶ新しいルートとして、佳木斯からソ連所有の北満鉄道の牡丹江駅まで鉄道を敷き、さらに南へ北朝鮮の国境まで鉄道を伸ばして、羅津港に出る構想を、当時満鉄の副総裁をしていた松岡洋右に働きかけている。

松岡が満鉄総裁になるのは昭和十二年（一九三七）で、このときも充分なものになっていないことから、参謀副長の石原は大声で噛みついている。

満鉄としても、満州事変後、日本からの入植者が増えると読む。大豆や軍需物資輸送のために鉄道を伸ばす計画をたてるが、採算は充分に合うものの、早急にはできなかった。

しかし、石原は満州の経済発展のためには、鉄道網を広げるのが急務だけに、満鉄の松岡を再度、説得した。

当時の鉄道事情は、ソ連が支配しているウラジオストックから西の満州里、さらにモスクワへ通じる北満鉄道、さらにハルピンから長春までの鉄道の運賃に、日本側は悩まされていた。

南の方では張学良がイギリス、アメリカ資本を借りて四平街から打通線を引き、葫盧島から大豆を運び出している。これは日本との約束違反だが、張学良は南満州鉄道沿線の農産物の輸送で、満鉄に対抗していた。

石原は軍事上からも、また日本内地の経済のためにも、北満の大豆や石炭、マンガン鉱石などを東の羅津港に出す計画のほか、ソ連の支配下にあるハルピンを潰して、ハルピンの北にある呼蘭に新しいハルピンの街を作ろうとさえ考えていた。

当時、北満の大豆の出荷量は、ハルピンの北呼海線沿線で約二百万トン、北東にあたる松花江下流で五十万トン、ハルピン付近で五十万トン、合計三百万トンがハルピン駅に集荷されている。

大豆の出荷は、主に冬を迎える結氷期に集中する。この頃のハルピン駅は大混乱していた。しかも日本への輸送は、ハルピンから長春経由で大連港のルートしかない。

出荷が一時的に集中するせいもあるが、北満鉄道を支配しているソ連は、自国のウラジオストックとハルピン間は安い運賃にしているのに対し、日本が使うハルピンと長春間の鉄道運賃は高くしていた。需要バランス上やむをえぬことである。

そこで日本の満鉄は、この高い鉄道運賃に対抗して、ハルピンから長春までの二百五十キロの道を、馬車で運んだ。結氷期になると人も馬も遊んでいて仕事がないからだった。

満鉄はソ連支配のハルピン・長春間の鉄道と張り合って馬車で運び出し、長春からは満鉄で運んだが、これにも限界がある。荷物を移すうちに、大豆がこぼれて半分になるからだ。

昭和十六年（一九四一）九月二十二日。石原は新潟鉄道局で「東亜における交通事情」を講演している。大連港だけに頼るのは危険で、北朝鮮の羅津港を起点とした新しい海上輸送構想を、昭和四年頃から持っていたことを明らかにしていて、こう語っている。

「満州国は真に東亜防衛の大拠点であります。この中には沿海州がソ連のものであることは、短刀を日本の頭上に擬している有様であると、薄気味悪がる人も多いようです。しかしこの位のことはかえって日本人の士気のために薬になると思います。満州国の兵備さえ十分であるならば、決して気にするには当りません。沿海州は例《たと》えて見ると、人間の睾丸のようなものです。

睾丸には二つの条件があります。その一つは、非常に大事なものであること。今ひとつは、極めて弱いことであります。特にウラジオストックは、極東ロシアのため最も重要でありますが、樺太、日本本土、朝鮮、満州国の完全包囲下にあり、特に満州国に対しては守りにくい位置にあります。耳が一番寒く感ずると同様であります。

こういう見地から、沿海州がソ連に属していることは、我等がソ連の睾丸をやんわりと握っている有様です。ソ連がいかに図体が大きくとも、外蒙や新疆《イーグル》に対しても十分遠慮しなければなりません。これは東亜防衛のため、極めて妙味であることです。しかし、右の妙味を発揮するには、満州国の兵備を十分にし、且つその補給は大陸の生産力で賄い得ることが必要であります。これがため、北満の迅速なる開発が、東亜防衛のために最も重大な条件となります」

石原は、ハルピンから日本までの大豆輸送は三日以内と見ている。大連港からの輸送が五日ないし一週間かかるのに比べると、もっとも近い輸送になる。それに海上輸送も安全で、多方面に同じ時間で運べると、コンパスで半円を描いてみせる。

のちに東北地方の人が満州へ入植するさい、新潟などから清津や羅津港へ入り、そこから鉄道でハルピンに入っている。北朝鮮からハルピンまでの鉄道が完成するのは満州事変後だから、このルートは、日本と満州を身近に感じさせた。

対アメリカ戦へのこだわり

石原もそうだが、大連港は、奉天を中心とする南満州工業のための港で、北満が開発されると、さらに港湾を拡張する必要があった。満州事変後はさらに北へ工業地帯が広がり、マンガン鉱石、石炭、さらには軍需物資の輸送など扱う量が多くなっていた。

石原の考えは、大連の事情を察し、奉天から南は大連港で、長春、ハルピン、さらに北の方の北満の物資、軍需用品の輸送は北朝鮮の羅津港がベストであると提案している。羅津港は港湾が広く、日本の全艦隊が入港できるほどのスペースがある。それにウラジオストックとちがい、冬期に入っても北西風のため氷は沖へ流されるので、不凍結港になる。

「まさに、東亜における第一の天然良港」

と、石原は羅津港の整備を朝鮮総督府、満州鉄道及び軍参謀本部へも働きかけた。

背後には山が迫っていて、住宅地に適した土地に恵まれないのが難点ではあるが、石原は五階建ての建物を建てれば充分に居住環境は整うと、アイデアを出している。

しかし、軍事上、ソ連のウラジオストックに近いという欠点も指摘された。ソ連の潜水艦や飛行機に、海上輸送中の日本船が撃沈される危険性が高いという意見である。

石原は、そのことは百も承知だった。彼はそのためにも、北満の兵備を強化し、ソ連以上の兵備を整えればよいと強調する。

こうした石原構想に消極的だったのは、朝鮮総督府であった。朝鮮総督府は清津の整備に力を入れてきていた。工場も建設されている。羅津がメインの港になると、清津港はゴーストタウン化する。

反対の理由は、それだけだった。

羅津の鉄道、港の管理は満鉄である。満鉄は大連集中の清算が終わらず、余裕がなかったのも事実である。

もうひとつの問題は日本政府である。

石原は、東京から新潟・羅津・新京ルートがいかに短時間かを、距離と時間で説明している。いずれも列車の速度は当時の時速である。それによると、
(1)東京↓新潟間が時速七十キロで走ると五時間。
(2)新潟港↓羅津港は時速二十ノットで走るとして一昼夜。
(3)羅津↓長春（新京）間は特急アジア号が時速八十キロ、線路を改善すれば時速百キロは出せる。
石原は、「羅津・長春間を七時間で走れるので、東京を発って新京に着くのには一昼夜半」と計算した。乗継ぎ・連絡を考慮しても、二日で着く計算になる。

石原がなぜ、新京・羅津・新潟・東京の第二輸送ルートにこだわったか。理由は「対アメリカ戦」であった。満州には兵器造りに欠かせないマンガン鉱石、燃料となる石炭が、特に北満と吉林方面に豊富に埋蔵されている。

また、ハルピンから西北の安達《アンター》には石油が眠っている。航空用のガソリン製造も可能である。それらの資源で戦車、飛行機を製造し、第二ルートで日本に輸送すれば、アメリカの経済封鎖があっても、安心しておられる。

そのうえ食糧も、麦や大豆など、国内生産で間に合わないものは羅津港から、北は小樽、青森、酒田、新潟、舞鶴、出雲などへ直通で輸送できる。そこから大都市へ鉄道で輸送すれば、アメリカは絶対に日本へは手が出せず、日米開戦も起こらない。

石原の戦争論は、満州からの物資輸送さえあれば、戦争にならない、と読んでいる。それには、北満と直結する第二輸送ルートの強化と、北満における飛行機、車の製造、極東で使用するソ連の兵力以上の兵備の強化が欠かせなかった。

石原はこれまで、つぎの三点を主張してきた。

1、ソ連が極東に使用する兵力に相当するものを備え、かつ少なくもバイカル以東に位置するものと同様の兵力を満朝に位置せしめるとともに、これが補給に必要なる生産力を大陸に保持しなければならぬ。

2、西太平洋に出現し得べき英、米、ソ連の海軍に対して、少なくも同等以上の海軍力を保持するを要する。

3、速やかに世界第一の精鋭なる空軍を建設するを要する。

この三つのことは、「東亜聯盟」の機関誌でも強調し、陸軍省にも働きかけている。特に満州事変後、ソ連は計画経済に入り、極東の国防建設に力を入れていて、脅威であった。

満州を脅かすソ連の脅威

昭和四年七月、張作霖爆死事件が引き金となり、田中義一内閣が総辞職した。同時に、陸軍内でも大幅な異動が行なわれる。関東軍では村岡軍司令官にかわり、畑俊六の兄、英太郎が就任した。その二ヵ月前に板垣征四郎が河本大作にかわり高級参謀に着任している。

板垣が着任すると間もなく、石原は花谷正を呼び、板垣、石原、花谷の三人の満蒙研究会を提案した。

その直前、石原と板垣、花谷の三人は、着任して間もない畑英太郎軍司令官に会い、満蒙問題に対する見解を質《ただ》した。

畑が三人の意見に理解を示したその夜、三人は旅順偕行社に集まり、会合を開いた。満蒙研究会のスタートである。日本の生きる道、満蒙の統治策など、三人は熱心に夢を語り、議論した。

最初の夜、つまり畑軍司令官に満蒙問題を質した夜のことである。石原は板垣、花谷に、「この静かな環境を利用して、世界の情勢と満蒙の状態、そこから我々の取る態度、方法を研究しよう。そのため週一、二回、この偕行社で会合し、互いに腹蔵なく論議を戦わし、不明の点はそれぞれの専門家に学び、また支那馬しか調査していない調査班を拡充して、より高度の研究を行なわせようではないか」と提案した。三人は意見の一致を見、その翌週から週二回、夕方偕行社に集まることにした。

この週二回の研究会で生まれたのが「関東軍満蒙領有計画」（角田順編『石原莞爾資料』より）であり、翌五年（一九三〇）五月二十日に発表した「軍事上より観たる日米戦争」である。

石原は領有計画で、行政組織まで描いた。石原自身が書箋に書いて、研究会で公表した二つのプランである。

軍司令官を総督にして、その下に総務部、陸軍部、民政部、道尹、師団長、憲兵司令部と六つの部をつくり、その下に各産業・行政部を置く。この時点で、早くも総督部を長春（のち新京）かハルピンに置くことを考えている。以下の組織、人事も提案している。

1、総督は大将または中将で、その下に庶務部をおき、陸軍部と民政部を統一する。

2、陸軍部を幕僚部（少将）として民政部の事務はすべて幕僚部を経由させる。

3、重要なる幹部たるべき人を内定しておく。

4、陸軍部は参謀部その他各部で構成する。

5、民政部（部長は中将、少将クラス）の下に内務課、財務課、交通課、産業課、外事課をおく。

6、道尹（中将、少将、または支那通の大佐）は守備隊、民政課、県知事、憲兵を把握する。
7、師団長、憲兵司令部は総督の直属。

これらの行政組織は、すべて関東軍の支配構図になっている。なお文案は、畑軍司令官の理解を得ている。が、その後、満州の要人たちと会っているうちに、大きく変更していく。

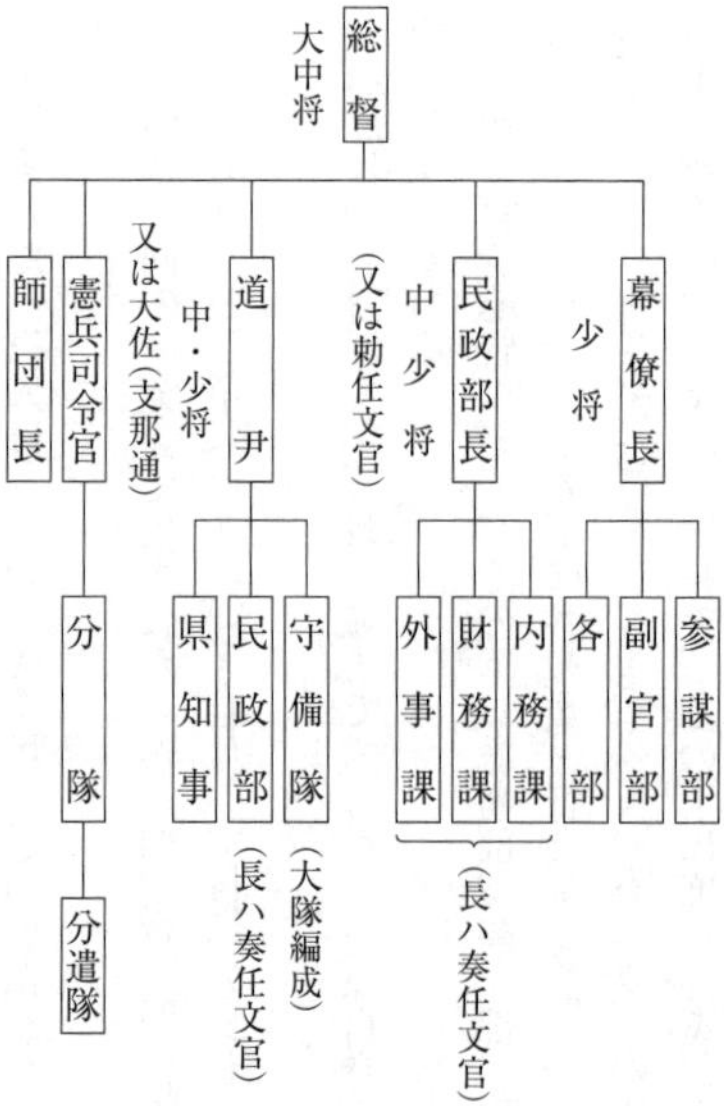

つまり、満州建国は、満州人による行政組織でなければならず、日本の軍部、役人が関知

しない方向に変わることになる。

ここで新しい発見として、昭和四年七月時点、つまり大幅な人事異動直後に、石原は長春（新京）、ハルピンを関東軍が領有し、そこに、対ソ連をにらんだ総督府を置き、満州全域を支配しようという考えだったことが明らかになった。

河本大作高級参謀は、奉天以南の南満州を統治する方針だった。しかし、これは失敗に終わる。

石原は河本構想を大きくとび越え、関東軍による北満の支配を考えていた。

この背景には、父・作霖の死後、張学良が蒋介石ら南京政府に呼応し、青天白日旗をひるがえして排日攻勢に出てきたことにある。張学良の排日運動は日に日に横暴になり、満州人や日本人へも被害を加えた。日本人の小学生の通学さえ危険な状態になった。

その一方で、ソ連は第一次経済五ヵ年計画に入り、極東の戦備は次第に充実しつつあった。石原も他の参謀たちも、「日露戦争ではロシアは敗れていない」と豪語し、のちに共産党によるロシア革命でソ連邦に切りかわったとはいえ、共産主義ソ連の戦備強化は、国境を接する満州を脅《おびや》かしていた。

石原は、ソ連と相まみえる日は遠くないと考え、ソ連の赤色勢力がハルピンから長春を経て南下するのを防ぐために、満州の統治を急ぐ必要があった。

旅順の偕行社での研究会の席で、参謀の花谷正は、こう言って彼の考えを述べた。

「新しい満州は、日本人を中堅として二重国籍を持たせ、各民族の王道楽土を建設すべきだ。

日本と満州は不可分一体で、たとえば太陽の光をうける月のようなものであるようにしたい。そのさい、日本人は大規模な企業、智能的事業に、朝鮮人は農業を、中国人は小商業や労働を分担し、各々その分を完うして共存共栄しよう」（別冊知性）

これには、石原も板垣も同意見である。石原は花谷の考えに対して、

「そうだ。虐《しいた》げられている満州人を救わねばならんな」と言ったあと、

「満州を王道楽土にするには、内地のように、大資本を導入して産業を開発しなければいかんではないか」と続けた。

石原は、「財政は間接税によって税金をとり、財源をつくる」考えである。歳出の方は守備費など軍事費だけで六千五百万円を見込んでいる。そのほかに行政費もかかる。

それらの財源を間接税でまかなう、という考えである。

それには、産業を育成しなければならない。石原も板垣も、交通と通信は満鉄を利用するものの、産業の誘致となると、大豆など農産物の生産拡大と輸送の強化はまぬかれない。

国防は四師団をソ連の侵入に備え、開戦のときは朝鮮より一兵団を沿海州に作戦するという構想も固まった。

財閥を満州立ち入り禁止へ

石原が関東軍による領有から、四民族の共栄共存を打ち出すのは、昭和五年七月である。

石原は満州、なかでも旅順や大連、北の奉天までの満鉄沿線の行動範囲内で、満州人に会

う機会があった。またハルピンから北、東西にはソ連の飛行場もあり、飛行機で攻められた場合、関東軍の四個師団では防ぎようがなかった。

ちょうど昭和五年に入ると、張学良軍のゲリラ行為が多発し、満州人を不安に陥れていた。

昭和五年七月十日、資源局事務官横山勇にあてた「満蒙対策」は、満州産業開発を強調したものである。この中で石原は、日米戦争が数十年後には起こることを予言し、満州の資源開発を急がせている。

「満州問題は、単に経済的に解決しえるものではない。政治的に解決する必要がある」

「支那は統一するものにあらず、支那民族を救う天職は日本にある。支那を救うための根拠地として満蒙がある。その満蒙では、共通の敵は軍閥（張学良ら）である」

「日・支・鮮・蒙の四民族の共栄共存の形は、日本は満蒙を統治し、大企業で産業を起こす。支那は労働を提供、商業など小企業に従事する。朝鮮人たちは、水田づくりが上手なので農業を専業とする。蒙古人は牧畜を主な業種とすることで、満蒙の四民族が共栄共存する姿がのぞましい」

「この天職を妨ぐのは米、英など白人たちで、白人の圧迫を打破しなければならない」

満州の理想的な姿を、石原はこう描いていて、日本企業の満州開発への誘致を求めている。

ただし石原らは、財閥の満州進出には、揃って反対した。その理由は、「内地のように大資本の横暴を許すと、満州は王道楽土にならん」ということからだった。

三人は、「財閥満州立ち入り禁止」を貫き通した。ただし、日産コンツェルンは誘致した。

「その理由は、日産が広汎な大衆に株式を公開していたからで、単に経営技術を使ったにすぎなかった」（花谷正）からである。

石原の夢は、満州の「王道楽土」国家だった。そして、ゆくゆくは起こるであろう日本の最終戦争に向けて、アメリカが断念するほどの満州での資源確保、五族協和による満州国をつくり上げたという方向に進むのである。

第二章——満州事変前夜

張学良と蒋介石

昭和五年（一九三〇）の夏は大豆の収穫期である。

張学良は満鉄に併行するように、北満から河北まで鉄道を敷き、物資を輸送していた。

この併行線は、父・作霖がイギリス、アメリカの援助をうけて計画し、工事に入っていたものである。関東軍が張作霖爆死を計画したのは、北京にいて日本の援助も受け、その一方でイギリス、アメリカ軍の援助も受けていたからである。

息子の張学良は昭和五年七月、父親が国際法上は違反である併行線を建設したあとに加え、葫盧島を起点に、オランダ資本を導入して幹線鉄道に着手した。物資輸送を強化したことで、満鉄は赤字経営になっていた。

また、日本人の多くは張学良らの圧迫で生業ができなくなり、満州を去る者も出ていた。

石原莞爾は、あまりにも横暴な軍閥、張学良が許せなかった。

満蒙研究会では、そのうちに若い参謀たちも参加しはじめ、石原を中心に、満州のあるべき姿と張学良対策を練った。

石原が当時どういう考え方であったかを知るものに、昭和十七年（一九四二）に東亜連盟会員たちの前で「満州建国前の心境」と題して講話したものがある。こう語っている。

「中国人自身による中国の革新政治は可能である、という従来の懐疑からの再出発の気持は、さらに満州事変の最中における満州人の有力者である人々の日本軍に対する積極的な協力と軍閥打倒の激しい気持、そしてその気持から出た献身的な努力、さらに政治的才幹の発揮を目のあたりに見て、一層違ってきたのである。

在満三千万民衆の共同の敵である軍閥官僚を打倒することは、日本に与えられた使命であった。

この使命を正当に理解し、このために日本軍と真に協力する在満漢民族その他を見、さらにその政治能力を見るにおいて、私共は満蒙占領論から独立建国論に転じたのである。

なぜなら、支那問題、満蒙問題は、単に対支那問題ではなく、実に軍閥官僚を操り、塗炭の苦に呻吟せしめているのは欧米の覇道主義である。対支那問題は、対英米問題である」

先に、張学良の軍閥をどう解決するかであった。

張学良は昭和五年五月には、日本人の満蒙における土地所得と鉱業権の取得を、きびしく取り締まるため「新鉱業法」をつくった。（松本一男著「張学良と中国」）

張学良は、昭和五年六月三日で数えの三十歳である。この誕生祝いは、奉天で行なわれた。

蒋介石は腹心の張群（のち外交部長）、方本仁、呉鉄城らを奉天に送り、祝詞を述べさせるとともに、張学良に「中国陸海空軍副司令」の肩書と親書を贈った。

また、蒋介石は張群らを通じて、張学良に「関内に出兵して自分を助けてほしい」と要請した。

蒋介石が戦っていたのは李宗仁、山西省の閻錫山《えんしやくざん》、馮玉祥《ひようぎよくしよう》、そして奉天の張学良である。

張学良の側近には、張作相、のちに満州国の総理となる張景恵（二人とも馬賊上がり）、劉尚清、沈鴻烈、莫徳恵のインテリ・グループ。かつての父・張作霖のブレーンである。

しかし、親日家のブレーンは張学良によって殺されていた。このほか、于学忠、臧式毅、王以哲、萬福麟など軍人がいる。

張学良は、この三つの軍閥連合軍を結成して、満州で抗日運動と、南京政府との内戦をくりかえしていた。

北の満州には、馬占山という馬賊も張学良と連合を結び、満州人や日本村を襲撃していた。石原が満州事変を仕かける以前から、やっかいなゲリラ集団だった。

張学良は昭和五年九月、蒋介石軍援助を決意して、十月九日、奉天で盛大な式典をひらいた。三十歳の陸海空軍副司令官は、内外の高官を集め、参列者の祝辞を受けた。イギリス、アメリカ、ドイツ、オランダなど各国の大使たちも、東北地方を治める若きプリンス、それも南京政府のナンバー2という地位に、祝福を贈った。

諸外国は、機あらば満州の利権に喰い込もうとしていた。事実、オランダ政府は、張学良が葫蘆島を起点に、満鉄に平行するように鉄道を建設したさい、資金と人材を援助した。これは、むしろオランダ政府に持ち込まれて、鉄道を敷いた、と見る方が正しいかも知れない。なぜなら、張学良には、鉄道を敷いて日本の満鉄を脅《おびや》かすなどという策は、考え及ばなかったからである。

昭和五年十一月、張学良は首都南京の蒋介石を訪問し、陸海空軍副司令官としての就任挨拶を行なっている。

南京には、三週間滞在している。その間、中国統一と東北軍との関係で、こう具申している。(「張学良と中国」より)

一、列強の侵略を喰い止め、真の独立を達成するためには、中国統一が前提となる。統一を乱す行動を許されない。

二、統一は平和的な手段で達成するのが望ましい。内戦は国力を弱め、国民を困らせ、帝国主義諸国を喜ばすだけである。

三、憲法の制定と実施、議会政治の推進、民主主義の実施、平和的手段による新中国の建設などが、当面の政治目標。くれぐれも武力による統一や圧制による民衆統治はしないでほしい。

四、内戦を引き起こした閻錫山、馮玉祥、李宗仁ら旧軍閥には、寛大な態度をとってほしい。

五、蒋介石は中国を救う英雄とみとめるのにやぶさかでないが、領袖《りようしゆう》として仰ぐことには完全に同意する。どうか、国民政府内の他の大物、あるいは他の軍閥に対して、一視同仁の姿勢でいてもらいたい。これは共産党に対しても同じである。

これに対し、蒋介石は、

一、東北地区だけは、しっかり守ってほしい。資源的に見ても、人材や中央政府に対するロイヤリティーの点でも、東北こそは、新中国の力の源泉である。

二、共産党に対しては、かならずしも張学良の見方には同調しない。思想から言ってもその行動からみても、中国共産党はソビエトの走狗であり、中国に害となる奸賊の集まりだと認識している。

――と言及している。

当時、満州など東北軍は、張学良ら東北連合軍のもとに、つぎのような配置についていた。張学良の東北軍は、関内に出兵して、北京、天津、河北省を防備。閻錫山は山西省を専守。韓復渠は山東省。河南省南部は馮玉祥とその配下の石友三軍。

幻のクーデター計画

日本国内は、恐慌が深刻となっていた。都会での失業者は昭和五年に入るとますます増え、農村に帰っていった。しかし仕事はなく、八千万人の人口を抱えて、日本経済は疲弊していた。

こうしたさなか、満州への依存が高くなっていた。『昭和史』（岩波新書）によると、

「日本国内から満州への輸出は、総輸出額の八パーセントだったが、逆に満州からの輸入は、日本の総輸入額の十一パーセントを占めていた。そのなかでも、大豆など豆類に石炭、鉄などの重工業資源の輸入が大きなウエイトを占めていた。

昭和五年度の対満州投資は十四億六千八百万円で、台湾、朝鮮への投資をはるかに上廻っている」

しかし経済恐慌から、国民の生活は窮迫し、満州との貿易は、低下していた。国内の需要低下もあって、満鉄の収入は、昭和五年度決算では対前年比で三分の一を下回るという、創業（明治三十九年）以来の最悪の業績となった。

政界は、田中義一にかわって政権をとった民政党の浜口雄幸内閣は、ロンドン条約に忙殺されて、野党に転じた政友会の攻撃にさらされ、積極的な経済政策を打ち出せなかった。浜口は昭和五年十一月、東京駅で海軍軍人佐郷屋留雄の凶弾に倒れた。

この頃、軍部、なかでも陸軍内では、武力によって満蒙を解決しようという動きが起きた。昭和五年九月は、張学良が蒋介石に陸海空軍副司令官のポストを与えられて満州を統治しようとしていた頃だが、陸軍内では減税のための「軍縮」に反対する参謀本部や陸軍省の将校の間で「桜会」が結成された。

結成した中心人物は、参謀本部員の橋本欣五郎中佐である。橋本は政党政治のゆきづまりを打破しようと、「国家改造」のクーデターを計画した。しかもこの秘密結社は、翌年の一月に開会した第五十九議会のさなか、右翼の大川周明や社会民衆党の代議士らと図ってクーデターの決行を企てた。

橋本は参謀本部の二宮治重参謀次長、建川美次第一部長、陸軍省の小磯国昭軍務局長らと連絡をとり、宇垣一成陸相を首相とする改造政権をつくろうとした。

ところが、このクーデター計画は事前に漏れて、失敗に終わった。当の橋本らは、明治維新の志士を気どって集合し、酒を飲みかわし、計画を口外するという、いいかげんなものだった。これが「三月事件」である。

しかし、このクーデター計画が政界や財界及び軍部に与えたショックは大きかった。同情する者も多く、浜口内閣は国民の不信をかった。本人も容態が悪化し、昭和六年（一九三一）四月には若槻礼次郎を首班とする民政党内閣が誕生した。

満州事変はこう計画された

石原莞爾が満州事変の計画に入るのは、張学良が南京から帰ってきて間もなかった。

「満州は日本の生命線」であった。日露戦では多くの日本兵を失った。国際法上、日本は満鉄の守備が許されていた。

しかし、張学良や閻錫山、李宗仁、黒河の方では馬占山ら軍閥が、排日運動を強化していて、その行為は目にあまった。

「きっかけをつくるのはやさしいぞ。問題はその後の処置だ。張作霖のときの教訓を生かすには、綿密なプランが必要だ。それも、第三国からも、中央からもストップがかからんようにやらんといかん」

石原は、旅順の偕行社での研究会で、二人にきつく言った。

「それには、何をやればよろしいですか」

と花谷正が質《ただ》した。すると石原は、

「神田と連絡がとれたか」と言った。咄嗟のことに、その意味が分からなかった。

神田とは、朝鮮軍司令部参謀の神田正種中佐のことである。

神田はロシア班出身で、一時ハルピンの特務機関にもいたことがあり、ソ連通の男だった。

神田は、たびたび旅順を訪れては石原と会っていた。

石原は神田から、「朝鮮の事態は思わしくない。子供までが排日運動の教育を受けている。田舎を一人歩きしていると、身の危険がある状態だ」と聞かされ、ことの重大さを知った。

神田も、今こそ朝鮮軍のためにも、満州事変が必要だと言う。

「林中将はどうなんだ」と、南次郎中将にかわった林銑十郎朝鮮軍司令官の満蒙対策をさぐった。

神田は、

「大丈夫だ。話が分かる」と言った。

「関東軍が奉天に出たあとの旅順は空っぽになる。朝鮮は出てくれるか」

と言うと、神田は、固く首を縦に振って頷《うなず》いた。

そのことを、石原は満蒙研究会で、メンバーたちに打ちあけていた。

石原は、河本大佐らの張作霖爆死事件の失敗は、日本の参謀本部や陸軍省など中央部との連絡がとれていなかった計画のミスだったと分析している。

「なかでも、朝鮮軍の応援がなければ、失敗に終わることは明らかだ。ただ張作霖一人を殺せば、それですむものではなかった。その後に起こることを想定して、中央部や朝鮮軍と打ち合わせ、一気に奉天を攻め、勢いにのって長春、ハルピン、吉林省を統治すべきだった。おれたちは、同じミスは犯せないぞ。中央で信用おけるのは誰だ？」

石原は花谷に訊《き》いた。

「信頼できる者は、支那課長の重藤千秋大佐、支那班長の根本博中佐、ロシア班長の橋本欣五郎中佐の三人です。永田（鉄山）軍事課長も一応、信頼できます」

「日本に行ってくれるか。橋本中佐は政治改造を図っているとの噂だ。事前に発覚しなければよいのだが。今回の奉天占領は、電光石火、軍隊を出動させて一夜で奉天を占領し、列国の干渉が入らないうちに、迅速に予定の地域を占領せねばならん。張作霖のときは、何も手を打たなかったから、政府や出先の外交官が邪魔に入って、結局、何もできなかった。ここは中央の命令を無視してでも決行することになるので、極秘で中央部に働きかけ、内部から助力してもらわんといかん。朝鮮軍は神田中佐が動いてくれている」

石原は、その席で「わが軍は一万ちょっぴり。張軍は二十二万だ」と初めて奉天占領作戦をうち明けた。

当初の計画では、奉天の領事館に爆弾を仕かけることにしていた。爆音を合図に、奉天駐屯軍兵舎内に据え付けた二十四センチの要塞砲で、北大営の支那軍兵舎を砲撃する。同時に、奉天部隊が夜襲をかけて占領する。

「張学良軍は軍質良好とはいえんが、二十二万の兵力のほかに、フランスから三十機の飛行機を輸入している。こっちは飛行機は一機もないばかりか、奉天には重砲一門もない。そこで旅順要塞から一門、持ってくる」

石原がそこまで言うと、花谷も板垣征四郎高級参謀も、この奇想天外な発想に驚き、

「おい。どうやって運ぶつもりだ」

と石原に質した。

「奉天駐屯地に、井戸掘りをやる、という名目で穴を掘る。囲いをして、外から分からんように掘るさ。重砲はバラバラにして運び、砲台に取りつける。一番やっかいなのは領事だな。彼らは何をやっているかと、探りを入れてくるだろう。そのときは井戸掘りだと言えばよいさ。重砲は夜のうちに取り付ける。浪人たちを使ってはバレてしまうから、爆破は関東軍でやる。事前に知られないようにするためには、参謀長や他の参謀たちには、打ち明けない方がいい」

「三宅参謀長は要注意だな」

「無条件協力者以外は、要注意です」

「奉天の日本領事館爆破工作は、誰にやらせますか」

「素人にやらせると露見するから、軍人でやる」

「奉天占領だけですか」

「いや。満鉄統治各地で、爆弾を投げたりして治安を乱す。領事館がこれを知り、軍に救援を要請するだろう。その要請に応えるようにして、どんどんと出兵する」

「うむ」と、板垣は石原の作戦を聞きながら頷《うなず》いた。

三人による研究会は三月に入ると、中央との連絡に入った。ところが橋本欣五郎の目論見《もくろみ》は、政治改革のクーデター計画が事前に漏れ、中止になった。

石原は、「これは好都合だ」と思った。いずれ橋本には、東京にいて協力してもらわなければならないと考えた。

桜会の三月事件後、今田新太郎大尉が張学良の軍事顧問柴山兼四郎少佐の補佐官として着任してきた。今田を起用したのは、石原だった。

「腕のたつ、口の堅い奴が欲しい。本物の侍軍人だ。今田はどうだ。奴を、補佐官という名目で、呼んでほしい。関東軍として欲しいところだが、特務機関か軍事顧問においた方が動きがとれる」

柴山と旅順の料亭で食事した席で、石原が持ちかけた。酒を呑めぬ石原は、茶を啜《すす》って、内地から届いたというタクアンを、がりがりと噛んだ。

「彼なら安心だ。私のところに呼びましょう」

「そうか。ここは、露顕されぬことが第一だ」

今田は四月、奉天に行く前に、旅順の関東軍司令部へ挨拶に寄った。石原は、今田を昼食に誘った。

今田の父は漢学者である。彼も多少、父親の血をついだが、それよりも剣道の達人だった。戸山学校で、斎村五郎らに剣を学んだ。

「性格は純情一徹で、正義感に燃えた熱血漢」（花谷正）であった。

花谷正によると、人物選定では、相当に苦心した様子が窺《うかが》える。

彼は、「満州事変はこうして計画された」（別冊知性）の中で、こう書いている。

「必要以上の人物に秘密を洩らすのは危険であるから、同志の選定には苦心した。爆破工作は素人にやらせると、どうしても露見しやすいことから、軍人を使うのがもっとも良い。爆破後直ちに、兵を集めて行動を開始する以上、在奉天部隊の中堅幹部には、どうしても秘密を洩らさねばならぬ。そこで一人一人酒を呑ませて、言いたいことを言わせ、これならと思った人物には計画を明かして同志を固めて行った」

人の集めは花谷が担当した。花谷は、計画を洩らす前に、相手と酒を呑みかわしながら、インタビューする形で心境をさぐり、考え方を聞きとるという慎重さである。

こうして選定した人物は、在奉天独立守備隊島本正一大隊の中隊長の川島正大尉と小野大尉、在奉天第二十九連隊付の小島少佐、二十九連隊大隊長の名倉少佐、奉天憲兵隊の三谷少佐、それに甘粕正彦予備大尉、和田勁（石原と陸士同期）予備中尉が加わる。

石原も花谷も、独立守備隊大隊長の島本正一中佐には、計画は打ちあけなかった。また同じ関東軍参謀の中にも、新井匡夫少佐、武田寿少佐、中野良次大尉、片倉衷大尉の四人の反石原がいたからである。

事変発生後、この四人は「石原をふんじばるか、それとも協力するか」と話し合った結果、「こうなってしまったからには、協力してやる以外なかろう」と、賛成に回っている。

昭和六年（一九三一）四月、参謀本部は建川美次第一部表の策定のもとに情勢判断をまとめた。骨子は第一段階で親日政権を樹立する。第二段階では独立国をつくる。第三段階では満蒙を領有する、というものであった。

石原は、かねてから、満州の独立を打ちあけていた。昭和五年十一月、軍務課長の永田鉄山大佐が人目を避けるように私服で満州にきたが、呼んだのは石原だった。

永田は陸軍大臣に満州視察出張願いを出していて、軍としても、永田の満州出張を命じた。

永田は十一月中旬、朝鮮経由で満州入りした。そのあと華北を視察して、十二月中旬に帰国している。

同じ頃、参謀本部の重藤千秋支那課長も満州視察に出かけていた。重藤は昭和六年度の「情勢判断」のため、板垣、石原と満蒙問題の武力解決の善後策について意見を聞いている。

石原は、陸軍の予算をにぎっている永田鉄山に、二十四センチ砲二門を、旅順から奉天に運び、据え付ける話を持ちかけている。二人の間に具体的にどうするかの話があったか、記録としては残されていない。

しかし昭和六年七月に、二十四センチ砲二門が旅順から分解して運び込まれ、据え付けられたことから、このとき二人の間に、暗黙の了解があった、と想像される。

しかし、石原と永田の間には、時期をめぐって相当の議論があった。永田は、「あと二、三年待て。早すぎる」といえば、石原は、「いや、待てん」とやりあった。

決行日は九月二十八日

昭和六年五月、長春の北西約三十キロ地点にある朝鮮人移民集落で、朝鮮人農民と中国人農民との間に、用水路をめぐっての衝突事件が起きた。「万宝山事件」である。

幣原喜重郎外相は、奉天の林久治郎総領事に命じて、吉林省主席の張作相（張学良の親戚）と交渉にあたらせた。しかし、この時の交渉は不発に終わったばかりか、武力抗争にまで発展し、七月一日、ついに朝鮮人と中国人の間に発砲事件が起きた。

同じ頃、満州の興安嶺に、兵要地誌の専門家である関東軍の中村震太郎大尉が調査に入ったまま、消息をたった。調査に同行したのは昂々渓《こうこうけい》で旅館をやらせていた奉天特務機関員の井杉延太郎曹長の二人。二人は蒙古人に化けて奉天を出発、六月二十七日に姚索《ようさく》地区に入った。この地区は張学良の軍事要地で、砲兵第三団（連隊）が駐屯していた。

ところが、中村の一行は検問の網にひっかかり、捕捉され、銃殺された。日本の参謀本部が派遣した中村大尉と井杉曹長の二人は、銃殺されたあと、死体は焼き捨てられた。

中村大尉の銃殺は六月だったが、関東軍がこれを知るのは八月である。一説では、第三団の将校の一人が日本人の妾に旅館を経営させていて、妾に日本人スパイ二人が銃殺されたことを漏らした。日本人の妾は、チチハルから遊びにきた友人にその話をし、のちに関東軍が知ることになる。（『張学良と中国』）

石原莞爾ら関東軍参謀は、片倉大尉を調査に出した。その結果、中村、井杉の銃殺を確認している。

中村大尉殺害事件は、外交ルートで解決しようと、日本側は奉天の林総領事が、奉天の行政責任者臧式毅と交渉にあたった。しかし、責任者の引き渡しは拒否された。その一方で、満州での排日運動は日ごとに熾烈になる。

石原は、満州占領計画の決行を固め、六月に花谷正を内地に送り込み、同志を口説かせた。

花谷はまず、橋本欣五郎と会い、九月決行を打ちあけた。しかし、橋本は三月のクーデター計画の失敗にこりず、十月にクーデターを起こす計画で、国内改造の第一点張りだった。

根本博も、国内改造に熱心で、満州事変を起こされたらそのはずみで国内改造がやれないと、国内改造優先主義である。結局、橋本も根本も、「十月に一緒にやろう」ということを申し合わせる。

重藤は無条件で同意した。永田鉄山は、石原との間にかなり具体的な話が進んでいて、七月に二十四センチ砲の据え付けの話にまで及ぶ。

花谷は、建川美次第一部長とも会い、石原の意向を伝えた。建川がどう反論したかは今も不明である。

花谷は、八月下旬にも東京に出かけた。彼は奉天特務機関補佐官として張学良側と交渉を続けていた。しかし、責任者である第三砲団長関玉衡上校（大佐）の引き渡しは難航するばかりか、かえってこじれた。外交交渉もまったく話がならず、張学良に無視された感じのままである。

八月下旬の東京行きは、中村大尉殺害事件の交渉経過報告もあったが、花谷は石原の「九月決行」の考えを伝えるのが狙いだった。

花谷は参謀本部で二宮参謀次長、建川第一部長、陸軍省では、小磯軍務局長、永田軍務課長と意見を交わしている。

花谷は戦後の回顧録で、このときのことをこう書いている。

「特に二宮、建川らは、このままでは近いうちに日支両軍は衝突するようになるから、その時の対策を考えておいてくれ。しかし衝突したら、当面の処理は関東軍に任せて欲しい。関東軍としても、国際情勢を慎重に考慮して行動するつもりだから、細かいことまで干渉しないでくれ、という風に切り出して、作戦発動の場合、南満だけに局面を限定するか、作戦時期、兵力量の見込み、外交交渉に移る時期、北京にいる張学良処理について話し合った。

二人（二宮、建川）とも私の云うアトモスフェアで言外の意味を覚《さと》ってくれたが、政府に対してどの位出られるか分からないが、出来るだけ貴軍の主張貫徹に努力しよう、と約束してくれた」

このあと、花谷は橋本、根本の二人と会って、準備は完了した、予定通り決行する、と伝えた。

だが、二人は決行時期について、

「今だと計画が実現できるほど国内の支援があるかどうか不安である。特に若槻内閣ではやりにくいから、内閣が倒れるまで待ってみないか。急いでも本庄さんに腹を切らせるばかりではないか」

と消極的だった。

菱刈隆にかわって本庄繁が関東軍司令官に着任したのは、花谷が東京へ出張する前の八月二十日である。

八月下旬、東京で師団長会議が行なわれ、関東軍からは本庄繁と高級参謀の板垣が、朝鮮軍は林銑十郎司令官と神田正種参謀が同行した。

このとき、板垣と神田の間に、朝鮮軍の出兵を極秘で打ち合わせている。七月には旅順から運んだ二十四センチ榴弾砲二門が奉天の独立守備隊に配備された。

榴弾砲設置工事は、守備隊の兵士により行なわれた。水泳プールの構築と称して深さ一メートル、幅七メートルの砲床用の穴を掘った。

作業は毎晩十二時から明け方の三時まで、一般の目をくらまして行なわれた。重労働と酷暑のため、夜盲症にかかる兵士も出てきたほどだった。

分解した榴弾砲は、十メートル四方、高さ七メートルのトタン葺《ぶ》き小屋の中で組み立てられた。

榴弾砲の据え付け工事は、九月十日すぎには完了した。外部からは何があるか分からないように隠したが、そのうちに奉天の領事館などが探りを入れはじめた。味方である外務省の出先が状況をつかむために立ち入りしようとするのだから、石原らは神経が疲れた。

表向きは陣地高射砲と称して注意を外《そ》らしたが、そのうちに次第に不穏を察知して、張学良の東北軍側は飛行機で偵察したり、近くに歩哨をたてたりした。

関東軍側にも、思わぬミスジャッジがあった。それは据え付けてから分かった。つまり、榴弾砲を操った者がいなく、操作に手間がかかったことである。

そこで石原は、初めから一門は張学良の陣地である北大営に、もう一門は飛行場に照準を合わせておいた。

「決行日は九月二十八日」

石原は、高粱《コーリヤン》が繁茂していると匪族《ひぞく》が隠れても発見しにくいので、高粱が刈り取られた後が作戦に好適だと考えたのである。

師団長会議から満州の旅順に戻った本庄繁司令官は、九月十三日夜、緊迫の情勢に備えるべき旨の通達を、独立守備隊に発令した。起案者は、満州事変計画を知らされていない中野良次参謀である。

「近時、匪賊の跳梁甚《はなは》だしく、鉄道の運行を妨害し剰《あまつさ》へ我附属地を窺《うかが》うもの多きは、誠に寒心に堪へざる所なり。

我威武を軽視する是等不逞《ふてい》の徒輩に対しては、進んで断乎たる処置を採り、鉄道守備を完うすると共に、帝国在留民の不安を一掃することを努むべし」

この「軍司令官訓示」の文について、上司の石原は、字句その他意見の違いから、反対した。板垣が間に入って仲裁するというシーンがあったが、多分に石原の考えは、もっと強い文脈だったかも知れない。

それから二日後の十五日のことである。参謀本部ロシア班の橋本中佐から、「計画が露見した。建川が派遣されることになったから、迷惑をかけないように早くやれ。建川が着いても、使命を聞かないうちに間に合わせよ」との電報が、特務機関（土肥原賢二機関長）に届いた。

計画を察知したのは奉天領事館で、噂は外務大臣の幣原の耳に入り、天皇陛下が知るところとなる。

九月十一日、天皇は南次郎陸相に、「陸軍に不穏な動きがあるが、国策を引きずるがごとき傾向なきや」と注意している。（奈良武次侍従武官）

石原は、味方を欺くことのむずかしさを思い知った。しかし、参謀本部や陸軍省の中に、石原の計画を秘かに応援してくれる者がいたのも事実であるが、関東軍の中にいる参謀長、参謀、それに本庄司令官の耳に入れないで秘かに進めることのむずかしさもあり、石原の心労は、オーバーヒートしていた。

花谷から知らされた石原は、しかし慌《あわ》てなかった。石原は、今田と花谷を呼び、「急ごう。二十八日でなく、十八日の夜決行しよう。建川が旅順に着くのは、おそらく十八日になるだろう。彼は南陸軍大臣の命令で、この計画を止めにくる。その前にやろう。柳条湖の鉄道をちびっと爆破して、それを合図に北大営と奉天城に二十四センチを撃ち込む。そのあと、奉天城を一晩でとる。北大営は川島だな」

今田に言った。今田は、軍刀の柄に右拳をあてて合図した。

「花谷は、建川と料亭菊水で酒を呑んでくれ。建川を酔いつぶしてくれ。おれは会わんぞ。カメラの現像で忙しい、と言ってくれないか」

花谷も今田も、顔を伏せ、苦笑するのを必死にこらえた。

第三章——満州事変予定変更

本庄大将への進言

昭和六年（一九三一）九月十五日、張学良は北京にいた。

この若い副司令官は、アヘン中毒患者になっていて、オランダ、イギリス大使と会っている。

蔣介石からは、「日本軍と戦うな」の厳命を受けていた。蔣介石は共産軍に備えていて、中国軍を消耗させたくなかったのである。

張学良の奉天の東北軍は、拠点である北大営を独立第七旅団（王以哲旅団長）が守備していた。配下には、第六百十九団（連隊のことで、団長は張士賢上校＝大佐）と第六百二十団（団長王鉄漢上校）、第六百二十一団（団長何立中上校）の三連隊である。

参謀本部の建川美次第一部長が東京をたったのは、十五日の夜行列車である。列車と連絡船を乗り継いで、平城、新義州と朝鮮経由で満州入りした。満州の安東から奉天へは一本である。

建川を迎えに、板垣征四郎は奉天到着時刻を調べた。見失ってはいけないと思い、奉天より先にある本渓湖駅まで出迎えに出る。

奉天駅では、特務機関の花谷が車で待機した。建川が板垣に伴われて奉天に着いたのは十八日の午後、といっても夜の九時頃である。

日本旅館「瀋陽館」は、奉天市浪速通りにあり、満州事変勃発後は関東軍司令部の宿舎となっていた。花谷は建川を迎えると、料亭菊水に送り届けた。

奉天特務機関長の土肥原賢二はこの頃、東京にいて、六月十八日、朝鮮の京城で神田正種朝鮮軍参謀と会い、そのあと奉天に向かっていた。

したがって十五日、橋本からの電報を受けとったのは、土肥原ではなく、補佐官の花谷である。

花谷は翌十六日の午後、奉天特務機関の二階に関係者全員を集め、建川の満州入りの件で協議に入っている。

この日は、本庄司令官の初めての巡視があり、石原、板垣も奉天にきていて、花谷に呼ばれて特務機関の二階に上がった。まったくの緊急事態である。

集まった者は板垣、石原、花谷、今田、それに実行部隊の川島（大尉）、小野（大尉）、小島（少佐）、名倉（少佐）の八名である。

その席で、議論が沸騰した。石原と板垣は聞き役に回った。

まず、漏れたいきさつの推測から始まり、建川の扱い方、実行の時期などについて議論が戦わされた。

花谷は、建川が計画阻止にくるのか、それとも天皇の使いとしてくるのか、会って判断しよう、と言った。

「もし天皇の命令でも持ってきたら、我々は逆臣になる。それでも決行する勇気があるか。ともかく、建川に会った上で、どうするか決めようではないか」

この花谷の意見に対して「決行」を主張したのは、爆破計画を担当する今田新太郎である。今田は、

「今度の計画はあちこちに漏れている。建川に会ったりして、気勢を削がれぬ前に、是非とも決行しよう！」

と迫った。

長い議論のすえ、その夜はジャンケンで決着をつけた。勝ったのは花谷である。

ところが翌朝、今田が花谷のところにやってきて、「どうしても建川がくる前にやろう」と言う。

花谷は、「東京と歯車を合わせてやった方が得策だ」と、今田を説得した。しかし、今田の決意は固かった。それを察した花谷の方が折れて、

「それなら、建川の方はボクが身をもって説得しよう」

と約束して、十八日夜の決行となった。

石原と板垣はこの日、本庄司令官と一緒に旅順に帰っていて、二人のやりとりは知らない。

この日、十八日は金曜日である。本庄司令官は長春にいる第二師団（師団長多門二郎中将）を巡視して、長春駅を発つ。同行者は石原を含めて九人の参謀が同行した。

長春から旅順までは、急行で七時間である。遼陽駅に着くと、板垣征四郎は、「奉天に用事がありますので」と言って途中下車した。その足で本渓湖駅へ建川を迎えに行き、奉天に同行している。

参謀長の三宅や石原らは、本庄と一緒に旅順の司令部に戻った。

したがって十八日の夜は、板垣を除き、全員旅順に引き返しているが、本庄は途中で大連駅に下りた。夜の十時に、旅順に戻ったことになっているが、事件が勃発した夜の十時二十分頃には、まだ大連にいた、という説もある。

石原の満州事変作戦は前述した如く、当初は九月二十八日の夜、張学良軍の軍服を着た日本人民間人が奉天の領事館や軍の駐屯地を襲撃し、これを口実に軍事行動を起こし、一気に吉林省、長春、ハルピンまで攻める計画だった。

襲撃の担当は和田勁である。

だが、建川の奉天行きが、急遽《きゅうきょ》変更となり、十八日になる。この日、今田新太郎はダイナマイトを調達して、川島大尉に渡した。

作戦は変更され、奉天の日本領事館や駐屯地の襲撃をやめて、奉天駅から八キロ北東の柳条湖の鉄道を爆破することにした。

この柳条湖からわずか八百メートル北には、張学良の奉天軍閥の東北軍第七旅団（王以哲旅団長）六千五百名が駐屯する北大営があった。

今田に作戦変更を知らされた川島は、部下の河本末守中尉と小杉喜一軍曹を呼び、柳条湖の鉄道爆破計画をうちあけ、三人で具体的な計画を練る。

ちょうど十八日は、第三中隊が夜間演習を予定していた。川島、今田は、この演習にタイミングを合わせて柳条湖の鉄道を爆破させるため、ダイナマイトを小杉に渡している。

十八日の夜九時、第三中隊は兵営を出発して線路沿いに北上、五キロほど北の文官屯に着くと、夜間演習を行なった。

その夜の十時前後、小杉軍曹が率いる十二名の分隊は、文官屯西側の線路脇に待機。そこに川島中隊の伝令で河本が線路伝いに南へ進み、小杉に伝えた。小杉たちは北大営の西側を通り抜け、柳条湖近くの線路に爆薬を仕かけ、高粱畑に身を隠した。

夜十時二十分。小杉軍曹がダイナマイト点火の合図を下した。

爆発音を聞いた川島は、ただちに大隊本部に携帯電話機で大隊本部（島本正一中佐）と奉天の特務機関に、「北大営の中国軍が線路を爆破し、攻撃を加えてきた」と報告した。

これを鵜呑みにした大隊本部は、公主嶺の独立守備隊司令部と旅順の関東軍司令部、奉天の第一中隊、撫順の第二中隊に無電で通報した。

爆破地点より四キロ北方の文官屯に駐留していた川島の第三中隊は、直ちに南へ移動して北大営に突撃を開始した。

独立守備歩兵第二大隊の島本大隊長と歩兵第二十九連隊の平田連隊長が奉天の特務機関に駆けつけ、板垣が軍司令官代理となって北大営、奉天城攻撃の命令を下した。

夜の十一時、虎石台に据えつけられていた二十四センチ砲が、北大営と飛行場に撃ち込まれた。

石原莞爾は爆破の知らせを受けると軍服に着がえ、小西大尉を通じ全参謀を三宅光治参謀長（少将）の官舎に呼び出した。本庄軍司令官は大連にいて連絡を受け、車で旅順に向かっている。

三宅参謀長の官舎には、事情を知らぬまま、片倉衷、中野良次、新井匡夫、武田寿が私服姿で駆けつけた。

十一時四十六分、軍事行動を見守っていた司令部に、「奉天独立守備歩兵第二大隊、現地に出動中なり」の第二報が入った。

石原は、本庄司令官が到着するまで待った。もしも本庄が到着しなかったら、この作戦は命令が下せないばかりか、中止せざるをえなくなる。そうなると、石原が練りに練り上げた満州占領作戦は、すべて水の泡となる。

石原は周到に軍事作戦を練り、同志たちと打ち合わせを終えている。九月に入ると、一日は作戦計画を説明。五日は大連の有力者と会談したところ、「財政的負担大ならざれば大いにやるべし」と励まされた。

九日には「満蒙問題所見」を本庄司令官に提出し、「満蒙を占領すべし」と進言。十一日には奉天特務機関の土肥原賢二、林領事と治安問題で打ち合わせる。同日、張学良の軍事顧問の柴山と会って、東北軍（張学良軍）の動きをさぐった。十二日には公主嶺を視察。十三日から十四日の二日間、長春部隊を本庄と視察。十六日、今田と中野と決行の打ち合わせをした。

石原は首都奉天への兵力集中と安東、営口を占領し、北は長春の東北軍を攻撃、吉林省に出てハルピンまで同時攻撃して、満州を制圧する作戦だった。

本庄が旅順の軍司令部に着いたのは、午前一時だった。

石原は、爆破が始まる前に、軍の草稿命令文を書き上げていた。軍司令官室に集まると、石原は、「各部隊に出動を命じ、敵中枢の死命を制すべき」

と本庄に進言した。だが本庄は、

「いや、これは計画通り集中で行なう。敵の武装を解除すればよい」

と反対した。外交交渉で解決すればよいという。

会議は、軍司令官と三宅参謀長が同じ意見だったが、計画を知らされていなかった四人の参謀は、石原案を支持した。

午前二時、本庄司令官は石原ら参謀の意見を呑み、「それで行なう」と同意した。

こうして軍司令部は関係部隊に、石原の作戦どおり、作戦命令を指示した。午前二時には朝鮮軍司令部に増援を頼んだ。

午前三時。旅順駅に臨時列車が待機した。三時三十分、本庄司令官、三宅参謀長、石原らの幕僚は三十連隊と共に乗り込み、奉天へと向かった。

すでにそれより一時間前には、第二十九連隊は奉天城に無血入城していた。

北大営は午前六時半に占領された。

また、遼陽の第二師団（多門二郎師団長）と第十六連隊は午前四時四十五分に列車で奉天に到着し、多門師団長は第十六連隊に飛行場と兵工廠の占領を命じ、午前八時すぎに占領した。

歩兵第三旅団は長春の寛城子を攻撃、また南の営口に向かった独立守備隊第三大隊は午前八時三十分頃に、鳳凰城に向かった独立守備隊第四大隊は午前十時に、東北軍を武装解除した。

その間、石原は本庄、三宅らと共に奉天に向かっていた。列車が奉天に着いたのは、十九日の正午だった。その間に、関東軍は奉天を完全に制圧していた。

本庄は石原や他の参謀たちの具申を受けて、北の長春（のち新京）へ第三十連隊を向かわせた。

花谷は、この時の様子を回顧文にこう書き残している。

「即《すなわ》ち軍司令部は十九日早朝列車で奉天に向かい、満鉄沿線に分散、配置してある第二師団主力は吉林方面に備える在長春部隊を除いて、速かに奉天に集中する。

独立守備隊は夫々《それぞれ》配置されている地で行動を起こして、鳳凰城、安東、営口等を占領すること、又朝鮮軍司令官林銑十郎中将及び第二遣外艦隊司令官津田静枝少将に対し、増援協力を要請した。

ところが、津田司令官は海軍部隊営口集中の要請に対して、山東方面の情勢が不穏であるという理由でこれを拒否してきた。

海軍は、その後も満州事変の進行に対してとかく白眼視的態度を示したが、その由来はここにある」

海軍省内では、満州事変への応援を拒否したことで、東郷元帥の怒りをかった。東郷元帥は軍令部を訪れ、「出撃せんか！」と怒鳴り込んだのである。しかし、軍令部も海軍大臣も、「あれは陸軍がやっていること」として、取りあわなかった。元帥に対してこのありさまだから、海軍はその後、陸軍から白眼視される。

陸・海の痼《しこ》りは、この時点からはじまった。ただひとり、現役をはなれてはいたが、東郷元帥のみは、ちがっていた。国家意識から、怒鳴り込んでいる。

実は加藤寛治にかわった海軍軍令部長谷口尚真大将は、事前に陸軍の計画を察知し、反対行動に出ていた。東郷元帥が怒鳴り込んだのは、初動の段階でのことである。

「谷口は満州事変のさい、次長の百武源吾中将を満州に派遣したが、関東軍司令官本庄繁中将との面会を阻止された」（「海軍戦争検討会議記録」より）とあるが、反対している海軍が、出かけて行ったかどうか、あやしい。それも、事変の前なのか、十八日以降なのか。十八日以降となると、本庄軍司令官たちは旅順ではなく奉天に移動している。百武は、どこへ何をしに行ったのか、不明である。

花谷によると、朝鮮軍の方でも、神田正種の努力もむなしく、支障が起きて、応援が見合わせとなる。理由は中央部で、「満州の情勢は大したことない。越境允裁《いんさい》を仰ぐつもりだから、その前に越境してはならぬ」という命令。新義州の憲兵隊にも、「越境する部隊があったら差し止めるよう」と命令が届く。

参謀本部からの差し止めで、残念ながら朝鮮軍の満州への越境は見合わせとなり、関東軍は海軍からも見放され、孤立無援となった。

それでも石原は、在留邦人保護の名目でハルピンまで出ることにし、そのため軍を長春に集結させた。奉天は手薄になった。そこで神田は、「奉天が手薄になる」という理由で、嘉村旅団を単独越境させた。

参謀本部からは、ハルピンへの出撃は、つぎの理由から拒否してきた。

1、寛城子付近以北に兵を進めることなかれ。

2、満鉄以外の鉄道を管理するなかれ。

3、参謀総長の指示を待たずして、新しい軍事行動をとるなかれ。

この命令により、関東軍のハルピン攻撃は中止され、翌年一月に作戦を変更している。

満蒙問題解決案

関東軍は九月十九日午後から、臨時司令部を奉天の東洋拓殖会社ビルに置き、瀋陽館を司令部の宿舎にした。

板垣と石原は、奉天に着いた夜、料亭菊水に泊まっていた参謀本部第一部長の建川美次少将を瀋陽館へ秘かに招いた。

建川の来満の目的は、陸軍大臣及び参謀長の命令を受けて、「関東軍独走」を止めることだった。

幸い、石原がもっとも心配していた「天皇の命令書」は持参していなかった。

瀋陽館の一室に集まったのは、板垣、石原、片倉、それに花谷と、建川の五人である。十九日の夜から二十二日の三日間、この部屋で「満州国づくり」について議論がたたかわされた。

いわば、この三日間は、その後の満州国づくりの始まりとも言える。すでに石原は二十日朝、朝鮮軍の奉天到着を待って、主力をハルピンまで出兵させる予定だった。そのため、軍を長春に集結させて待機していた。

そうした状況下での大議論である。

建川はこう言って、石原に自重をうながした。

「武力解決の時期は、七年の春以降とする。そのため内外の理解を得る。その期間は一年と見込んでいた。それまでは、関東軍は自重してもらいたい」

これに対し石原は、

「こと、ここにいたっては、これ以上の絶好の機会はないですよ」

「満蒙解決は第一段階で親日政権をつくり、第二段階で独立国をつくり、第三段階で満蒙を領有するという参謀本部の情勢判断になぜ従えないか」

「建川部長。漢民族は、自身政治能力を持っていません。日本の満蒙領有は、日本の存立の上からも必要です。日本が領有して統治した方が、満州人の幸せになるんです。私は何人もの満州人たちと会ってきましたが、彼らは全員といっていいほど、日本政府に統治してもらった方が安心できると、泣いて訴えていましたよ。ご存知でしょう、于沖漢を。彼だけではないんですよ。今の状態で、親日政権なんて、できっこないんです。軍閥がのし上がってくるだけですよ。ほとんどが、張学良の部下や親戚ばかりです。誰にやらせようと、中央は考えているんですか」

「それは外交を通じて考えるというものです」

「私は日本人が統治したあとで、親日政府をつくるべきだと思います。今の支那人たちにまかせては、かえって腐敗するだけです。まだそこまでは、行っておりません。日本人が満州国の頭首となり、新政権を統治するわけです」

「あえて言えば、参謀本部長なり、または本庄司令官が新政権の頭首となり」といいたかったが、主謀者と見られそうで、あえて名は出さなかった。

「その下に満州の民間人や青年連盟たちをおいて行政を担当させる。

日本は、軍を駐留し、治安を維持するため交通と通信を管理する。地方の治安を維持するために、親日的な満州人を起用して、鎮守使とするわけです。

日本人が全面統治では、馬賊や満州人たちの感情を害するだけで、協力は期待できないのです。満州の経費で、満蒙各民族の楽土をつくるわけです」

だが、板垣や花谷、片倉は、また石原とは違って、満州植民主義ではなく、独立国家論だった。

特に板垣は、「支那人による満州国家」がよいと、溥儀《ふぎ》に目をつけていた。しかし、石原は反対だった。

建川が内地に帰国したあとの九月二十二日、関東軍として「満蒙問題解決策案」を陸軍大臣と参謀総長に出さねばならないため、瀋陽館一号室で、大議論がたたかわされた。

この会議の出席者は、三宅光治関東軍参謀長、奉天特務機関長土肥原賢二大佐、関東軍高級参謀板垣征四郎大佐、石原莞爾中佐、関東軍参謀片倉衷大尉の五名である。

建川からの知らせで、日本軍部は、関東軍の満蒙占領案には反対であることがはっきりしたため、あらためて関東軍としての満州政策についての意志をまとめて、参謀本部、陸軍大臣に、意志表示しなければ、泣き寝入りになってしまう。

それでは、三年前の張作霖爆死事件に逆もどることになる。そうならないため、関東軍としての満蒙政策を提案し、今後の応援を頼む必要があった。

満州事変計画を知らされていなかった三宅光治参謀長は、

「満蒙問題をどうするか、早めにまとめて中央へ打電しなければならない。ここまできたら、急を要する」

と、石原に迫った。石原が発言しようとすると、板垣は、

「東北四省及び蒙古を領域とする宣統帝を頭首とする政権を樹立することではないか。石原中佐は、溥儀を引っぱり出すことに反対なさったが、そうでもしない限り、中央のご機嫌はおさまらんだろう」

「はい。お言葉をかえすようですが、支那人の歴史を見ると、政治をやらせても腐敗するだけで、しようがない。それよりも清廉な日本人によって、一種の哲人政治を行なった方がいい」

石原はこの頃はまだ、日本人による満州占領政策だった。共和国家づくりにかわるのは、昭和六年暮れから翌七年春にかけてである。

変化の動機は、満州人の中に、張学良ら軍閥に批判的で、むしろ満州諸民族のため、「保境安民」を提供してくれる日本の保護の下での満州自治を望む者が出てきたことである。

満州事変直後は、日本人による占領政策に一貫していた。しかし石原の考えに、

「そう言っても、石原中佐、哲人の名に値する人がいるかい？　いないと見るべきだ。人間には神性も悪魔性もある。現実の人間性を生かした政治をやるべきではないかね」

この夜は二十日から続いている関東軍としての意志を次のように集約化して、参謀本部と南次郎陸軍大臣に電報をうっている。これは石原の一歩後退だった。なお、文章は石原が作成した。

「第一、方針。

我国の支持を受け東北四省及蒙古を領域とせる宣統帝を頭首とする支那政府を樹立し、在

満蒙各民族の楽土ならしむ。

第二、要領。

一、国防外交は新政権の委嘱により日本帝国に於て掌握し、交通、通信の主なるものは之を管理す。内政其他に関しては新政権自ら統治す。

二、頭首及我帝国に於て、国防外交等に要する経費は新政権に於て負担す。

三、地方治安維持に任する為、概《おおむ》ね左の人員を起用して鎮守使とす。

熙洽《きは》（吉林地方）、張海鵬（黒竜洮索地方）、湯玉麟または張宗昌（熱河地方）、于芷山（東辺道地方）、張景恵（哈爾賓《ハルビン》地方）

（右は従来宣統帝派にして当軍と通信機関を有す）

四、地方行政は省政府に依り新政権県長を任命して行なう。

（本意見は九月十九日の満蒙占領意見、中央の顧る所とならず。且、建川少将〈参謀本部第一部長〉すら、全然不同意にて、到底其行はれざるを知り、万斛の涙を呑んで、満蒙独立国家案に後退し、最後の陣地となしたるものなるも、好機再び来たりて、遂に満蒙領土論の実現する日あるべきを期するものなり）〔石原註記〕」

この「満蒙問題解決案」は、石原が中央政府（日本）に大きく譲歩したものになる。天皇の命令を想定した、暫定的なものだった。ただし、党首は日本人から選ぶ点では、石原は譲らなかった。

満州占領をめぐる大激論

満州の占領政策は、その後十二月中旬まで、白熱をおびる大激論となる。

石原起案の「満蒙問題解決案」を中央部に電報で伝えると、間もなく陸軍の安藤兵務課長が奉天に、「関東軍の陰謀による満州事変」をさぐりにくる。作戦参謀の石原は、

「これは陰謀ではない。なるべくしてなったものである。統帥権の問題である」と、きっぱりと明言した。

そのあと九月下旬には、参謀本部第二部長の橋本虎之助が内地の目付け役として、奉天の関東軍臨時司令部にやってきた。橋本は、参謀総長が通達した三項目、

「寛城子以北に兵を進めるな」

「満鉄以外の鉄道を管理するな」

「参謀総長の指示を待たずに軍事行動をとるな」

を口うるさく説教したあと、関東軍の参謀たちの感情を悪くするような言語を発した。このとき、何を言ったかは、どこにも記されていない。

同席していた花谷正特務機関長補佐官は回顧録の中で、

「橋本少将が中央部のお目付けとして奉天に滞在して、事ごとに口を出して我々の行動を掣《せい》肘《ちゅう》した。そして参謀本部からは、我々を侮辱するような細かい指示をしてくる。こんな指示は、関東軍のような大組織に対してやるべきことではないのだが……」

と、怒りを抑えている。

何があったか。考えられることは、石原の作戦で、吉林省からハルピンに出る作戦のことではなかったろうか。

ハルピンの百武特務機関長からは、現地ハルピンに住む日本人の保護要請が出ていた。ハルピン出動にあたり、奉天が空っぽになる。そこで朝鮮軍が奉天に入る。いずれ南の錦州の張学良軍をやっつけて、満州の四省を占領すると石原は、打ちあけたのだろう。

ところが、今回の事変調査と参謀本部無視の行動を止めにきた橋本は、ハルピンを攻めたらソ連との戦いになるばかりか、若槻内閣は国際連盟から排撃されることになる、お前たちに何ができるか、ぐらいのことを言ったのだろう。

花谷の言を待つまでもなく、参謀たちが侮辱を感じるとすれば、参謀本部にさからっては何もできん、まして満州独立構想なんか絵空ごとだ、という点である。

そこを突かれると、「何を言うか！」となる。

石原はこの時点で、参謀本部は第五次計画に入ったばかりのソ連軍の実力を過大評価していて、すでに統帥能力を失っていると判断し、作戦に入ることを決めた。

まず早めにやることは、張学良軍が集結している熱河省の錦州である。北京にいる張学良の満州入りを封じるには、錦州を占領することだった。

十月八日。中央政府は「弱腰やろうども」だと決めつけた石原は、自ら指揮をとり、錦州攻撃に出た。彼は小型機に乗り込み、錦州の張学良の兵営に爆弾を投下した。石原の独断専行である。

一日で錦州を占領した。これを知った中央政府は、また橋本第二部長を満州に送り込んだ。橋本は、国連を刺激し、脱退させられることになりそうだ、と若槻内閣の立場を説明した。しかし石原は、

「そんなもの、クソ喰らえだ」と言って、橋本を満州から追いかえした。

このときの石原の変身した、統制に服しない強腰に、参謀たちは涙を流して喜んだ。国連を刺激することは承知というより、石原の「読み」であり、望むところだった。

橋本が帰国すると、手におえなくなった関東軍を制するため、今度は奈良武次侍従武官長は川岸少将侍従武官を満州に派遣した。軍隊の統帥権を持つ天皇陛下の側近が、陸軍や参謀本部とは別ルートで直接調査に入ったわけである。

これは十月十七日（金曜日）、橋本欣五郎らのクーデター計画が発覚して関係者が逮捕されたさい、満州は石原の計画で関東軍が独立する、と漏らしたことによる。

陸軍は前陸相の白川義則（軍事参議官）を十八日、関東軍の独走にストップをかけるため、満州へ送り出した。白川は二十一日、奉天に着く。

しかし、川岸、白川がどういう報告をしたかは不明である。

その前に、陸軍大臣名で「関東軍独立の噂がある。ただちに中止せよ」との電報が届いた。「関東軍独立」とは一度も考えたことがなかったのに、東京の同志の間から「満州国独立」が「関東軍の独立」と誤解されたものだった。

石原も板垣も、さすがの参謀全員が、これには怒った。

しかし、板垣は三宅や石原と相談して、天津にいる溥儀を連れ出して、満州国の皇帝に迎えることを提案した。

石原が板垣案を全面的に受け入れて、満州国独立構想を早めたのは、十月二十四日、国連が、十一月十六日を期限として日本軍の満州撤退勧告案を、十三対一で可決したことにある。石原はその知らせを受けて、「思ったとおりだ。これ幸いだ」と、天津で溥儀を説得している土肥原に檄《げき》をとばした。

こうなったら、何が何でも満州という国家をつくり上げ、日本政府に承認させるほかなかったのである。

関東軍の暴走を恐れて、金谷参謀総長は十一月五日、「参謀本部が直接的命令権をとる」と通告してきた。

本庄はそれを見て、

「軍司令官をやめる」

と言い出した。

しかし、石原は「総長の私物だ。こっちの計画どおりやろう」と言った。

土肥原が天津で溥儀を説得している間、石原は、日本の陸士出身で日本語が上手に話せる吉林省主席の張作相の参謀長・熙洽、東北の実力者臧式毅、張景恵、趙欣伯、于沖漢、湯玉鱗、貴福、袁金鎧、鄭孝胥、張燕卿、丁鑑修らと会って、満州国づくりを働きかけた。

一緒に立ち合ったのは、三宅、板垣で、通訳には王稔五がひと肌脱いだ。

熙洽は溥儀の縁戚で、満州国づくりのため奉天にくるよう、手紙で説得している。

日本側にも、満州国樹立を急ぐ理由があった。それはリットン調査団が派遣されることに加え、帝国議会が近づいていたことである。早く既成事実をつくり上げる必要があったのである。

天津の支那駐屯軍司令官は、石原がドイツ留学時ドイツ駐在武官だった香椎浩平（中将）である。石原と板垣は、香椎に清朝廃帝溥儀の保護を要請していた。

香椎は関東軍からの連絡を受けて協力した。土肥原がくるまで、溥儀が天津から逃げ出さないように見張っていた。土肥原に引き合わせると、香椎も説得に回った。

十一月十日、土肥原と共に、溥儀は天津の港から貨物船で満州の営口への脱出に成功する。すると、これを知った中国軍は、天津の日本兵営を砲撃した。

石原はただちに天津へ増援部隊を派遣した。すでに時の流れは、関東軍にあった。

十一月十七日、満州事変以来、明治神宮参拝者が激増し、在郷軍人や青年団員などが一日に三万人近く、明治神宮に参拝している。

また十一月二十八日には、満州事変の傷病者救済のため、日本赤十字社が各支部から選抜した看護婦二十三人を、奉天に派遣した。

閣議も、南次郎の提議により、十一月十八日、ようやく満州の軍隊派遣を決定した。

日本国民が、どれほど満州に興味をもっていたか。驚くことに、日本放送協会（ＮＨＫ）は全国各放送局を動員して「在満同胞慰安の夕」を編成し、満州へ向けて放送した。

また、このラジオ放送を聞きたくて、国内では二ヵ月間でラジオの新規加入者が五万人増えた。ラジオの聴取者数は、九十二万人余と、急増した。不況化の日本の暗雲が晴れた瞬間だった。

さらに、石原が泣いて喜ぶ報《しら》せがあった。それは十一月三十日、一木宮相と皇后、皇太后が、満州派遣の軍人軍属に、防寒用真綿一人当たり二十匁を下賜する旨を、南次郎陸軍大臣に伝えたことである。このことは参謀本部や陸軍省の同志からの電報で知った。

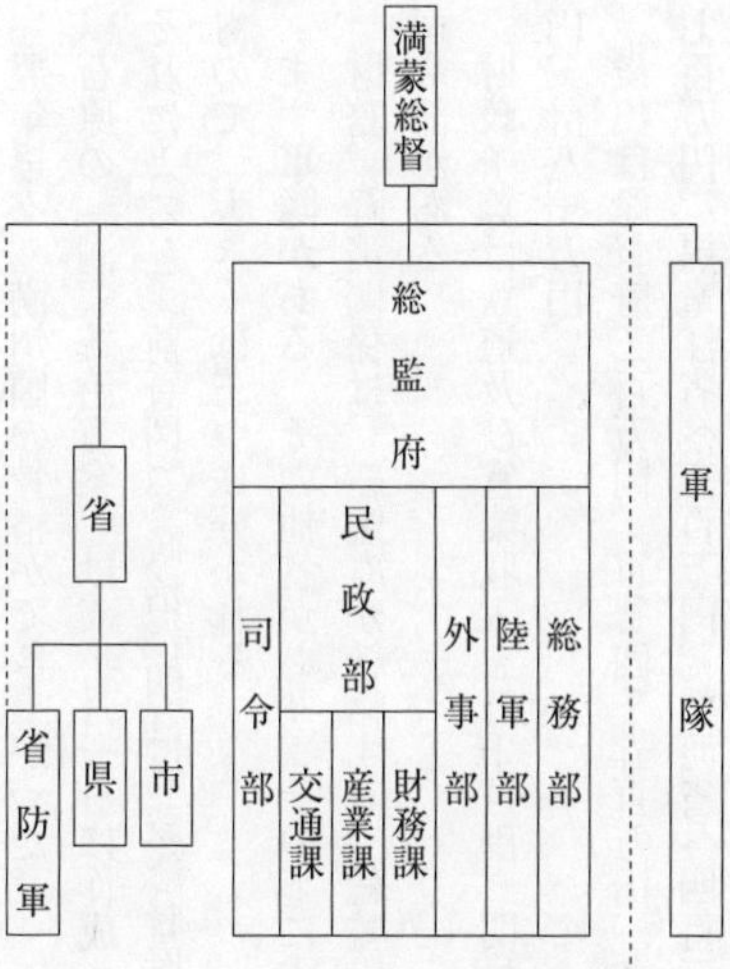

翌年早々、満州国の骨格ができ上がった。

石原の「満蒙統治方案」は、十月一日に作成された。これは満州の一時的軍政組織である。それによると（前頁図）、政治機関は満蒙総督府の下に、各省政府を置き、県市を自治するもので、大きくは三つに分かれる。

まず軍隊がある。その他省があり、その下に市、県、省防軍がある。

財務、経済関係は、総監府が統轄する。総監府の下に総務部、陸軍部、外事部、民政部、司令部がある。

財政予算は鉄道及び官業収入を三千万円、関税で二千万円、その他アヘン税として一千万円、計八千万円。

歳出は総督府三百万円、軍費四千五百万円、各省への公金が奉天省へ八百万円、吉林省へ七百万円、黒竜江省へ五百万円、熱河省へ四百万円、計七千二百万円。これが、満州国の財務内容である。

役人については、昭和七年（一九三二）一月二十五日起案の「新国家内における日本人の地位に就《つい》て」によると、新しい満州国家の役人は、満州人を充《あ》てることとした。しかも、日本人と満州人の給料は同額とすることを決めている。

満州人による満州共和国家をつくり上げることは、対ソ連への守りであり、日本への資源、食糧の供給国ともなり、最終的に戦うであろうアメリカとの五分五分の力のバランスを保つ意味もあった。

第四章――満州国成立

今村均に呆れはてる

昭和七年(一九三二)の正月、大阪朝日新聞主宰による「満州建設座談会」が奉天で開催され、石原莞爾(中佐)は、いやいやながら出席した。むしろ出席させられた、といった方がいい。満州を独立させるかしないか、まだ決定しかねているさなかである。

しかし、朝日新聞の強引な要請を辞退できない事情があった。それは、朝日新聞の担当者が満州の自治指導部長をしている于沖漢《うちゆうかん》を対談相手に持ってきたからである。

それ以前に、石原は満鉄出身で関東軍顧問の駒井徳三の紹介で数度会っている。

のちに于沖漢は、関東軍側と満州親日派首脳との会談が昭和七年二月、奉天の東拓ビルの臨時関東軍司令部で行なわれたとき、満州人として参席した。

ちなみに、このときの出席者は関東軍側からは本庄繁司令官、三宅光治参謀長、板垣征四郎高級参謀、奉天特務機関長土肥原賢二の四名。満州側からは臧《ぞう》式毅、熙洽、遠金鎧、趙欣伯、そして于沖漢の五名。この会合は二月十六日の張景恵、馬占山、熙洽、臧式毅ら東北四巨頭会談の前に行なわれているところに意味がある。

于沖漢は、満州国家が生まれたとき、張景恵参議府議長、鄭孝胥国務総理と共に監察院院長となる人物である。坊主頭の痩せた、鶴のような体をした男だが、駒井が信頼する満州人の一人である。

正月の座談会の話に戻る。駒井に口説かれると、さすがの石原も断われず、紙面に出るのを覚悟で座談会を引き受けた。

このときの座談会の話を、石原は「東亜聯盟」誌でこう語っている。

「朝日新聞社の主催者が、于沖漢先生、満州国は独立国がよいでございましょうか、と聞いた。于沖漢先生は、独立国でなければいけませんとはっきり言った。これが支那人ですよ。私は今の汪兆銘氏に勝るところの勇気であった、と当時考えています。満州の人が進んで新聞に公開するところの座談会で、独立国でなければいけませんと言った。それでは、と私に聞きますから、（私は）それは支那人が独立ということに決めてしまったら、もう議論の余地がない、ということになりました」

この座談会で、石原は、満州が独立するとなると、どうするか、と聞かれて、

「独立国である以上は、我々の持っている物を全部、満州国に差し上げましょう。治外法権も付属地の行政権も。こんなものは全部即刻、満州国にやりましょう。そうして日本人も満州人として、満州国の構成分子として働きましょう」

と、はっきり言った。

これは昭和七年の正月の特集紙面として企画されたもので、大変な人気だった。注目の男、石原の生の声と顔、それに満州人に多大な影響力を持つ于沖漢が出てきて、「独立国家」を主張したことから、軍人や政治家だけでなく、茶の間にまで満州の話題が広がった。

前年の十月下旬、関東軍の独立を聞きつけた参謀本部作戦課長の今村均が白川義則大将に随行して渡満してきた。白川は本庄繁や板垣と、今村は石原と会談して、「関東軍独立」の有無で腹をさぐり合った。このときのやりとりを、生前の今村均は、「別冊知性12」でこう書いている。

「私のための席につくと、やにわに石原莞爾中佐が言葉をかけた。『何というざまです、中央の腰の抜けかたは！』『冷静の眼で見ないと、抜けてるか抜けていないかわかりますまい』『腰の抜けている中央などにたよっていては、満州問題の解決なんか出来やしない』

私は即座に、この言は、関東軍の独立を示唆しているものと推察した。『国家の軍を動かす一大事が、出先だけの力や考えで、やり得ると思ったら、大まちがいですぞ。満州問題の解決は、全国民一致の力だけがやりうるのです』いくらか昂奮していた私の言葉は、少し口調が強すぎた。石原中佐は、大きな声で『ああ眠くなった』そういうなり、上体を後にたおして寝ころんだ」

この文章から判読する限り、今村ら中央の短絡した見方が指摘される。

すでに駒井徳三、松本俠という満鉄出身シンクタンクと親日派の満州人の間には満州国家づくりの話が持ち上がっており、関東軍が日本から独立して帝国をつくるという低い次元の構想ではなかった。

話のレベルの低さに、むしろ石原は呆れはて、これ以上話しても無駄で、どっちともつかぬ液状状態の心中を語っても無意味と思い、ヤマトホテルの畳の部屋で、ゴロッと倒れて寝たふりをしている。

満州国承認の決議

石原が流れのまま、「満州国建国」に踏み切ったのは、于沖漢の懇願に触れたときに始まる。于沖漢は石原との対談後、満州の実力者たちと共に、治安担当大臣となり、満州の治安につとめた。

ちなみに、満州国家の閣僚の顔ぶれはつぎのようになった。

執政・溥儀、参議府議長・張景恵、国務総理に鄭孝胥《ていこうしょ》、治安担当の監察院院長・于沖漢、立法院院長・趙欣伯、参議府参謀・袁金鎧《えんきんがい》、民政部総長・臧式毅《ぞうしきき》（奉天省長兼任）、財政部長・煕洽《きはく》（吉林省長兼任）、外交部総長・謝介石（吉林省交渉署長）、実業部総長・張燕卿《ちょうえんきょう》、司法部総長・憑涵清《ひょうかんせい》、交通部総長・丁鑑修。

一番やっかいな人物・馬占山は軍政部長になった。なお、日本側からは駒井徳三が国務院の総務長官になる。

このあとの昭和七年八月八日、本庄繁司令官、石原ら参謀たちに異動があり、板垣のみが残るが、その前に七月十二日、日本の参議院は「満州国」を承認し、八月八日には、駐満臨時特命大使が長春（新京）に置かれた。

初代大使は陸軍大将武藤信義で、彼は同時に関東軍司令官、関東長官を兼任した。どちらかというと、大使は名目だけで、関東軍司令官が主たる業務である。それは、八月に入ってからのことで、異動になる前の石原は、

「日本の国防は、満蒙の資源を利用することにかかっている。特にソ連の陸軍が北満を作戦の根拠地として利用するだろうとの予測から、日本の兵力を拡充し、興安嶺、黒竜江の線は日ソ間の国防境界線として守るべき」

と、本庄繁司令官に文書を提出している。この文はリットン調査団への説明文として書かれたもので、石原は、対ソ連を強調した。

四月下旬のことだが、日本政府の満州国への干与が目立ちはじめた。石原は小畑敏四郎参謀本部第三部長へ、「満州国経営」について六項目を提出している。

骨子となるものは、満州国は在満日本人が日本国民の後援により建設されたもので、満州の政治は、在満諸民族の公平な参与たちの公明な計画にもとづいている。したがって、日本が政治的権益の拡張など、日本を優先する経済活動をしてはならない。

また、日本は新国家の承認と共に、満州国内における政治機関を必要最小限に減少し、満鉄付属地の行政権を満州国に譲渡すると共に、速やかに治外法権を撤廃すること。

さらに、軍令部には特務部を置き、鉄道の管理のほか、経済開発計画を立案したりする。

ただし、特務部は委員組織程度にとどめる。なお、期待する政治的効果を収めざるときは、満蒙を日本の領土とし、総督府を置く必要もある、と「満州国承認」に向けて、働きかけている。

石原の「満州国承認」への働きかけは、さらにエスカレートした。

四月二十四日には「満州平定方略」を、六月五日には「満州経略計画」を提出した。

六月二十五日には、陸軍省補任課長の磯谷廉介大佐あてに、四項目の長文を送った。

内容の要点及び骨子はこうである。

一、吾等の満蒙経略は之を軍事的に対露（ソ連）作戦の基礎を確立し、且《かつ》速かに治安を恢復して資源の開発をなすにあり。行政の細部は大体満州国人をして行なはしむべきものとする。長春（新京）政府に吾人の要望することは「安価なる政治」と「日満官吏の融合協和」の二点。

二、支那要人の暴虐を抑制し、支那大衆の幸福を増進して、其信頼を博しつつ日本民族の発展を期するにあり。

三、新国家は日満両族融合の国家である。しかも独立国家なり。故に主義として日本政治機関は必要なる最小限度に之を縮小し、在満諸機関は渾然たる一体となりて一国家の機能を発揮せざるべからず。

四、四頭政治統一問題はよく前述の事情を洞察して決定するを要す。長春政府の外に、更に日本最高機関内に政務総監を置き、行政的活動をなさしむるは日本側の四頭政治は統一せられしも、満州国及び日本国機関の対立となり、満州国の独立性を害するのみならず、満州の微妙なる現状に適せざるものなり。この際、関東州をも満州国に譲与することは、単に政策的に最も有利なるのみならず、満蒙における政治的機関を単純化する為にも緊要欠くべからざる所なり。

即《すなわ》ち軍は本然の任務に立返り、経済の計画は特務部に、政策の実行は長春政府をして独断処置せしむる如くし、世人をして満蒙の開発は真に国民共同の責任なりと自覚せしむること急務なりと信ず。――

こうした石原の、日本の参謀本部、陸軍関係者への働きかけもあり、七月十二日の衆議院では、満州国の承認が決議された。

八月八日、板垣を除く参謀のほとんどが異動となり、石原も満州をあとにした。

九月には新しく首都を長春におき、新京と名称をかえ、溥儀の執政就任式典を盛大に行なった。

戦後の昭和二十二年（一九四七）五月、酒田での「極東国際軍事裁判酒田法廷」で、石原は満州事変について宣誓口述したが、その中で、

「満州建国は、軍事的見解とは別個に、東北新政治革命の所産として、東北軍閥崩壊ののちに創建されたもので、わが軍事行動は契機となりましたが、断じて建国を目的とし、もしくはこれを手段として行なったものではありません。また軍事解決にあたり、満州が支那から分離するということは、まことに情において忍び得ないところでありましたが、東亜安定の

ためにはむしろ満州における諸民族の活動提携を察知して、多年にわたる紛争の禍根を解決するということが、軍事的にも戦争を終熄せしめ、究極には日支提携になるものと感ぜられました」

と語っている。

満州建国は歴史的所産であって、石原らが計画目的としたものでなかったことが、明らかになる。

昭和七年八月八日、関東軍は板垣征四郎が軍司令部付として残った後、全参謀が一新された。

石原は八月十二日、満州を去る前に、板垣あて手記を書いて渡している。その中で、「関東軍司令官の職責として満州国を外敵から防衛すること、治安維持、満州国の開発計画」の実行を願っている。

また、満州国開発計画の実行にあたって、「満州の開発のため、日本人に優先的特権を与えることはまかりならぬ」と強く要請し、満州人による開発を、板垣に託している。

石原の満州開発は、形だけの国家ではなく、対米戦争に向かっての経済・資源開発が目的であった。これは、彼が満州をはなれても変わらなかった。また、昭和十年八月に参謀本部作戦課長になってからは、満州の五ヵ年産業計画構想を発表するなど、満州への思いは誰よりも深かった。

石原がソ連の国力を調べるため、ウラジオストックからモスクワ入りするのは昭和七月十月である。石原は歩兵大佐へ出世するが、閑職の兵器本廠付となり、九月には外務省に移った。十月には国連総会臨時会議帝国代表随行員としてジュネーブへ出かけた。ウラジオストックからシベリア鉄道でモスクワを経由してジュネーブ入りしている。

エゴロフ参謀総長との会見

彼は途中、ウスリー、シベリアを注意深く観察しながらモスクワ入りした。このルートをとったのは、モスクワにいるソ連参謀総長エゴロフの招待に応じるためだった。

なぜエゴロフ参謀総長が、一介の大佐にすぎない石原を招待したのか。動機は分かっていない。もちろん石原としては、敵の事情を捜《さぐ》る意味から、この招待に応じている。同行者は武官と通訳官である。国賓なみの待遇を受けていた。石原は参謀本部の一室に通されると、

「人類の一人として、ソ連の大なる努力に対して敬意を表する」

と挨拶した。その後、エゴロフは、日ソ不可侵条約を申し出ている。当時の外務大臣は松岡洋右である。石原は外務省事務官の肩書きにすぎない。その石原に、ソ連の参謀総長が

「日ソ不可侵条約」を申し出てきた。

石原はそのとき、ソ連は、日本が極東ソ連領に侵入するのを極度に恐れていると直感してこう答えている。(講演の原文のまま)

「私個人としては、日本とソ連とは民族的に争うべきものでないから大賛成である。しかし私には文句がある。君らは日本に対して共産主義の宣伝をするが、日本の国体を理解してい

るのか。真に人類のためと信ずるなら、徹底的にやるのは当然である。しかし、宣伝を始める前に相手のことを十分に研究せねばならない。日本国体は世界に類のないもので、日本国民は天皇を戴《いただ》くことに無上の喜びを感じ、日本国民の幸福は凡てここに立脚しているし、将来は世界の人々にもこの幸福を頒《わか》つべきものと信じている。

この日本の国体を理解しないで、他国に対すると同じように軽々しく宣伝することは罪悪である。日本に共産主義の宣伝をする前に、まず日本を徹底的に勉強する義務がある。ソ連の優秀な青年をなるべく日本に送れ。私は微力ながら日本的に訓練して十分に日本を理解させてあげよう」

これに対してエゴロフは、ソ連は決して共産主義の宣伝をやっていないと釈明した。

石原はなおも、通ってきたばかりのウラジオストックの話をした。

「とてもひどい。宿屋の有様は言うに堪えない。便所などは実に不潔だ。君ら特に極東ソ連人はウラジオストックを最も大事に思っているだろう。それがあのような状態では、日ソ両国の首脳部がお互いに平和親善を希望しても、極東のソ連人は心平かであり得ない。つまらぬことからゴタゴタが起きては困るから、この点根本解決が必要だ。

我々は近く北鮮からハルピンに向かって最短距離の鉄道を敷設する考えだから、ウラジオストックは益々さびれるばかりだ。満州に依存していたウラジオストックの繁栄をとり戻すためには、是非とも沿海州を速やかに開発しなければならない。この土地に朝鮮人をうんと入れようではないか。そうしたならば、御希望の不可侵条約も案外容易に成立すると思う」

（東亜連盟誌）

このときのエゴロフは狼狽気味で、何か分からない弁明をしている。石原はこの会談で、ソ連は北満鉄道を手放すつもりでいるな、と直感するものがあった。

植民地化している満州を憂う

石原莞爾がジュネーブでの国際連盟総会から帰国するのは昭和八年（一九三三）三月である。

彼がジュネーブにいる間の昭和八年一月、ドイツではヒットラーが政権をとっていた。それから一ヵ月後、日本は国際連盟脱退を通告した。

石原は帰国して外務省に戻るが、その年の八月、仙台（第二師団）の歩兵第四連隊長に就任した。石原の連隊長内示は早くから将兵たちの耳に入っていて、石原が仙台に着くや、将兵たちは喜び、駅まで出迎えにやってきた。石原は、英雄であった。

石原の友人、横山臣平によると、

「連隊長は誰でも着任にあたっては、訓練第一主義を眼目とするものであるが、石原は更《さら》に殺風景で無味乾燥な兵営生活を、何とか明るいものにすることに力を注ぎ、これがため軍隊特有の形式に拘泥せず、専《もっぱ》ら実質主義を採用した」（『秘録石原莞爾』）

また、連隊長時代の石原は部下に、

「私はできることなら生涯、連隊長で終りたい。私は兵と共にいることが最も楽しみだ。兵隊と離れては軍人としての生きがいがない。馬占山（石原や現地日本人、満州人を苦しめた馬賊）などは馬賊上がりの親分だから、子分の兵隊と離れてしまっては、どんな位階を与えられ、どんな地位に置かれても、つまらなくてたまらなかったのだ。だから満州国建国にあたり、立派な地位を与えられても逃げ出してしまったのだ」

「治者は被治者の立場に立って、教育は被教育者の位置に立ってはじめて政治の目的も、教育の目的も、またその成果もあげられるものである」

と語っている。

連隊長時代は、生涯の中で一番楽しかったようである。また石原の部下たちも、幸せだった。

こんなエピソードもある。

日曜日に兵舎の浴場を視察するが、当番兵が石原に敬礼するので、

「敬礼なんかせんでもいい。湯のかげんはどうだ」と言った。

それを言われた当番兵は、喜び顔になる。その喜んでいる顔を見るのが、石原は嬉しかった。

しかし、連隊長時代の石原は、満州のことが気になって仕方がなかった。石原たちが去ってからの満州には、日本の役人が送り込まれ、台湾同様、植民地化していたからである。

石原は、彼らが描いた五族協和、満州人による満州国が、次第に植民地・満州に変わりつつある姿を耳にすると、じっとしておれなかった。

彼は連隊長時代、陸軍省や参謀本部に対し、文書で意見を進言している。

連隊長着任直前には、「軍事上より見たる皇国の国策並びに国防計画要綱」を、参謀本部にいる今田新太郎の求めに応じて、書いている。

今田が石原に依頼した動機は、陸軍省内に「石原は海軍論者ではないか」と皮肉ったり揶《や》揄《ゆ》する者が多く、満州事変を成功させた同志の一人として、耐えがたかったのである。

今田は、石原が海軍と同じスタンスでないことを、アンチ石原派の上官たちに思い知らせるため、あえて要綱を依頼している。

この論文の見出しは、「軍事上より見たる皇国の国策」「皇国国防計画要綱」の二つで構成されていて、名論文である。

「皇国の国策」では、

「一、皇国とアングロサクソンとの決勝戦は世界文明統一の為人類最後最大の戦争にして、其時期は必ずしも遠き将来にあらず。

二、右大戦の準備として、目下の国策は先ず東亜連盟を完成するにあり。

三、東亜連盟の範囲は、軍事、経済両面よりの研究により決定するを要す。人口問題等の解決は、之を南洋、特に濠洲に求むるを要するも、現今の急務は先ず東亜連盟の核心たる日満支三国協同の実を挙ぐるにあり。

四、満州国の成立は日支親善、アジア団決の基礎にして、之が指導上特に注意すべき点次の如し」

と、満州政策で強烈な注文をつけている。現代調に表現すると、こうなる。

1、国防のため、日本が満州国に駐屯させる以外、日本の政治機関を撤去させよ。また満州国の独立を確実なものにするため、関東州や満鉄に付属するものは全て満州国に与えよ。また治外法権を撤廃する。

2、満州に関することは関東軍司令部に、全て一任する。

3、日満協定に反しない限り、行政は新京政府に、経済開発の立案は特務部に一任させる。軍司令官は、治安の維持と、将来満州国の支配者となる満州協和会の建て直しに専念せよ。

4、満州国の発展のため、「善良なる日本人」を送り込む。そのためには、満州にいる日本官吏の生活を内地の日本人と同じにすることが肝要である。給料は満州人、日本人とも同じにし、満州人も物品を買えるようにする。——

石原は、満州人より三倍も高い給料をとっている役人に腹を立てている。いつからそうなったのか、と石原は腹が煮えくりかえる思いだった。

蒙古人に対しての思いやりも、いかにも石原らしさが出ている。この国策要綱の五項目に、こう書いている。

「蒙古人の経済的向上、宗教の改革に力を用いると共に、特になるべく多くの精鋭なる蒙古騎兵隊を編成す」

対中国政策では、

「支那人の満州国内に対する投資の援助、綿花、羊毛の支那本部に於ける産出策は、特に力を用いるべき点なり」

「日本経済提携」をも提案している。

この「皇国国防計画」の方針として、石原は支那対策、ソ連対策、海洋方面対策の三つを、つぎのように書いている（以下、要約）。

〈支那作戦〉

漢民族の苦境を打開するため、その病根を明らかにして、これを絶ち、四億の支那人に新しい生命を与える。必要に応じて、日本軍は北京、天津、青島、済南、上海、南京、漢口、広東等を占領、守備して、支那人を使って治安にあたる。

〈対ソ連作戦〉

北満方面の地形を巧みに利用して戦略的持久戦を行なう。沿海州、黒竜州を占領す。蒙古の経営を挙げるため、蒙古で反ソ連の宣伝を行ない、ソ連軍の後方を撹乱する。

〈海洋方面作戦〉

陸海軍は協同して、迅速にフィリピン、香港、シンガポール、グアム等を奪取する。

この「国防計画要綱」を、今田は誰に渡したのか不明だが、しかし今田の得意そうな顔が容易に想像できる。

満州国育成構想を具申する
昭和九年（一九三四）三月は、石原が第四連隊長に着任して七ヵ月後のことである。石原は、「満州国育成構想」を参謀本部と陸軍省に具申した。

この構想は、石原たちが築き上げた満州が、まったく別な方向に進んでいることに対して、楔《くさび》を打ち込むような内容となっている。

なかでも、ソ連の五ヵ年経済計画が、着実なものになっていることを考慮しての「満州国育成構想」で、「急を要する」と強調している。

この満州育成構想は、七項目と付記からなっている。石原が比較的、気楽な仙台での生活の中で考えた着想である。それだけに、満州をはなれ、距離と時間を置いた上で熟慮したものである。

それも単なる思い付きではない。対ソ連、対アメリカとの最終戦争は避けられないと考えた上で、日本が生きるため、また満州人が楽土での豊かな生活を営むための構想である。

彼の満州国育成構想とはつぎの七項目。

一、満州国は、日、漢、朝、蒙、満、諸民族共有協和の国家なり。

二、蒙古民族は興安省に、満州民族は漢民族と混して、全満州に居住す。

日、漢、朝三民族が如何に満州国内に居住し、相協力して東亜平和の基礎を確立すべきかが問題なり。

三、漢民族は南満を主居住地とす。而して漢民族は既に其数三千万に近く、これ以上支那本部よりの移住は謝絶するを至当とす。

支那本部の治安恢復と其復興により、支那本部の人口収容力は大いに増加すべし。

南満の農民収容能力は飽和の域に達し、北満へ移住の傾向顕著なるも、南満に於ける農事改良は少くも其収容力を倍加すること容易なり。
四、朝鮮民族は間島を主居住地とし、南満の水田適地に発展せしむ。
五、日本民族は主として北満に居せしめ、対ソ国防の第一線たらしむ。殊に民族協和の見地より、純良なる多数、日本農民を送ること刻下の急務なり。
六、満州国は右の主旨により、且は満州建国に対する日本国民の最大なる努力と犠牲に感謝するため、北満に於ける未墾地を全部日本移民に提供す。
七、北満中、ハルピン市を中心とする最良の地域は既に漢民族多数居住しあるを以て、日本民族の移民地としては吉林省依蘭道、黒竜江省北部、及び黒竜江省中部、奉天省西北部の不毛地と予定し、先ず依蘭道に重点を置く。これがため、近く行政区域を改革に際し、依蘭道の長官は尤も適任なる日本人を選定す。

〈付〉

1、北満未墾地の提供は執政即位の好機を失いし、今日付属地行政権返付の際、これを宣言せしむ。

2、依蘭道長官には東宮（鉄夫）少佐を最適任とす。

石原の「満州国育成構想」は、ハルピンに日本軍を駐屯させ、その先に開拓農民を住まわせ、強大化するソ連の情報網とする意味もあったが、北満はアルカリ性土壌が多く、大豆以外の作物が育たなく、農地に適していなかったのも事実である。

ただし大豆は北満で収穫され、張学良の併行線鉄道も満鉄も、列車で運び出していた。朝鮮人は水田耕作が上手で、国境近くの間島一帯に住まわせ、水田づくりに、また中国人の移住を大いに歓迎している。

この構想どおりに行けば、関東軍は満州を取り戻そうとするソ連軍への防波堤にもなる。五族協和で、互いに協力しながら、満州国が財政、治安、防衛の面で、独立した国家としてやって行ける自信があった。

昭和十年（一九三五）八月は、参謀本部第二課長（着任は八月一日付発令）就任が決まり、三宅坂の参謀本部へ移る月である。

三宅坂へ移る直前、石原は関東軍参謀に移った花谷正あてに手紙を書いて送った。その手紙は、「満州国づくり」の心がまえを説いた内容になっている。概要はこうである（要約）。

「満州国は民族協和を具現し、東亜連盟の精神を団結するときがきた。満州国は旧日本を信頼せず、革新日本の指導者たる陸軍に期待するものである。

満州国の独立を完全ならしむるため、治外法権の撤廃、付属地、行政権の返付をすみやかに実施すること。そればかりでなく、満州国は機会を求め、門戸開放、機会均等、または九ヵ国条約の適用範囲外であることを内外に知らしめる必要がある。

満州国は、立憲君主国ではない。建国主義同志の団結により、独裁的簡明なる政治を行なうことが必要である。

満州国経営の重点は、法律中心の行政よりも、国民生活の安定改善、及び経済開発に存することは議論するまでもない。所謂《いわゆる》日系官吏は、満州建国建設の核心にあらず。

軍経済顧問部は満州国経済参謀部として、もっとも重大なる使命を有す。理想的な満州国に適応する革新的経世家の一団を以て編成を新たにすべく、日本が革新に突進する。

また満州建国を達成するため、北満には大量の日本移民を強行することは絶対必要。満州国はこれを国策として、北満未墾地を提供する。

我ら軍人は、この重大な時局において、自らを低き生活に甘じ、敢然として北満経営の先駆たるべし。これすなわち、昭和維新の前衛たる任務を完する道である」

この手紙からは、石原が単なる軍人ではないことが容易に読みとれる。軍人でなく、国家経営、「国づくりの父」であるといっても過言ではない。

しかし、すでに満州は、石原の夢から、大きく横にそれていった。満州の協和会員や青年連盟、政府要人から、悲鳴に近い声が、石原のところに届いていた。

第三部　三宅坂の四季

第一章――石原参謀本部作戦課長

「国防国策」の大綱案に取り組む

石原は参謀本部第二部作戦課長になってからも、満州を基点とした国防計画に取り組んだ。

当時、石原は四十六歳である。古参に入る。

大佐で、しかも年齢四十六歳の石原が、初めて三宅坂参謀本部に迎えられていることは意外である。これほどの人物なら、中尉か大尉の頃、若くして参謀本部付となってもおかしくなかった。

あらためて述べるまでもなく、この歳になるまで、石原は三宅坂にも陸軍省にも、勤めたことがない。第六十五連隊（会津若松）から陸軍大学を卒業して、教育総監部勤務、漢口の中支那派遣軍、陸大教官、ドイツ留学、関東軍参謀、第二師団第四連隊長と、外回りの仕事と閑職の仕事だった。一度も三宅坂に勤めていない。

理由は不明だが、考えられることは、陸軍省内の派閥が原因と見られる。旧幕府側だった庄内、会津若松という出身地が、彼を中央に取り寄せなかったと見られる。

だが、石原の人望が高く評価されるのは、なんといっても「満州国づくり」を立ち上げた人物だったことである。

石原を三宅坂の参謀本部作戦課長に起用したのは、陸軍大臣となった林銑十郎と次官の橋本虎之助（中将）、軍務局長の永田鉄山（少将）だった。橋本は満州事変当時は参謀本部第二部長で、石原に作戦中止を伝えにきた男であるが、その男が石原を三宅坂に呼び寄せている。

昭和十年（一九三五）八月の異動以前の参謀本部作戦課長は、小畑敏四郎にかわって昭和七年（一九三二）四月に鈴木率道が三年と四ヵ月間つとめた。

鈴木は昭和十年度対ソ作戦計画を策定するさい、極東のソ連軍が強化されたことを知り、二個師団と騎兵一旅団を十年度内に満州へ増派することを要請した。ところが、国家予算の関係で却下された。作戦課長の職を賭けての増派だったが、騎兵旅団のみの増派が認められ、それと引きかえるように、作戦課長を追われた。

石原の起用は、世界に孤立して、海外、国内とも不安が積もっていた時代背景がある。特にソ連は第二次経済五ヵ年計画が昭和十年には三年目を迎え、極東の軍事力が強化されていた。日ソの軍事バランスは、完全に「ソ連優位」にあった。

また、ソ連は外蒙古との間に相互援助条約を結び、ソ蒙協同防衛体制を確立して、満州の西側を固めていた。そのことは、関東軍に対する無言の圧力となった。

そうしたさなか、トハチェフスキー元帥が「東西二正面作戦」が可能であると豪語した。西の外蒙、東のウラジオストックから、いつでも満州を攻撃できるほど力をつけていたのである。日ソの戦略体制は、石原が満州を去る昭和七年夏から八年時点では、満州国有利だと安心していたが、状況はわずか三年で逆転していた。

昭和十年にはソ連は東支鉄道を一万円で日本に売却し、その資金でさらに第二次、第三次経済計画に充当していく。

参謀本部や陸軍省の中堅幕僚の間では、こうした事態を打破し、国策の根本を思考するには石原しかいない、との声が上がっていた。林と橋本、それに永田の三人は、そうした声を聴きとり、石原起用に賭けている。

ところが、石原が三宅坂に着任した八月十二日、永田軍務局長が白昼、陸軍省軍務局長室で相沢三郎中佐に斬殺されるという凶変が起きた。

永田は、青年将校の眼を「対ソ連」に向けさせようとした皇道派の指導者とちがい、「まず満州を安定し、国内を固めて庶政を革新し、国防力を強化したあとで、対ソ戦力をも充分に蓄積しよう」（片倉衷）と考えていた。それには、満州を重工業中心に開発しようとの考えであった。その点でも、石原の考えと同じだった。

つまり、予算をにぎる軍務局の永田と作戦の石原のコンビで、満州を開発して国力をつけ、対ソ連戦に備えていく計画が始まろうとしていた。その矢さきでの永田の横死である。

石原はショックだった。相談したり、後押しする永田を失い、まったくの片肺飛行を余儀なくされる。

八月十二日の「石原日記」には、「初出勤。永田（鉄山、軍務局長）刺殺さる」とある。石原は忙しすぎたせいもあるが、日記は人の名前とか、誰がどうした、の程度しかメモしない。日記でも日誌でもなく、ただのメモである。

参謀本部作戦課長着任後は、八月十二日にメモしたあとは二十日まで、まったく記載なしである。初めての参謀本部勤務で忙殺されていたのだろう。九月は一日たりともメモはない。十月に入り、「四日、原田（貞憲）少佐送別、五日、荒木大将訪問。首藤氏著作依頼。夜満井（住吉、陸大教官）中佐来訪。二十五日、本庄将軍訪問」とある。

メモをとる時間がなかった様子が想像できる。にもかかわらず、この年の秋、石原は満州鉄道の了解をとりつけて、満鉄経済調査会東京駐在員の宮崎正義に、「日満財政経済調査会」を創立させた。これは石原の私的機関であった。

予算は参謀本部の中から捻出したのだろう。宮崎はただちに、「満州経済五ヵ年計画」に取り組む。石原は、満州のあるべき姿を、宮崎機関ともいうべきシンクタンクに研究を依頼して、また夢を語り合った。

夢といえば、東亜連盟と協和会の育成がある。

東亜連盟構想は、石原が陸大教官以前から描いていたものである。日・支が大同団結して欧米民族にあたるべきで、それには東亜民族が協調することが先決だった。三千万人の民衆が、張作霖の悪政を倒し、軍閥政権から漢、満、日、蒙、朝の五族の民衆を解放して、満州に独立国家をつくる。満州を楽土にしようという考えである。

それには、国防は、最終戦争に備えて満州国を守り、政治は満州人で独立国家を、経済は日本人は重工業、朝鮮人は水田農耕、中国人は商業と、それぞれの得意分野を基本として共存共栄、文化は東洋文化を創造し、最高の文明を築き上げる、というものだった。

こうした満州国家建設を描いた者は、民間にも政治家、軍人の中にも、石原以外いなかった。

幸い、石原が関東軍参謀となって渡満してから、歯科医の小沢開作（指揮者小沢征爾の父）など現地の青年同盟や満州人との間に広まり、日、支、満が中心になって、民族協和しながら王道満州国を築き上げる方向になる。ちなみに小沢開作の息子の名前は、板垣征四郎の征と、石原莞爾の爾をとったものである。

石原が人事異動によって満州を去る前に、満州の青年同盟や政・財界人たちによって「協和会」が結成された。協和会の会長は満州国の総理が兼務するという、満州人と在満日本人たちの協和会が運営されることになる。

石原が作戦課長になって間もない九月、杉山元参謀次長に書類にして提出したものがある。それは、「昭和維新」の必然性を強調したものだった。その骨子は、西洋流の自由主義（注、知識人の間に自由主義の憧れが顕著だった）、功利主義より、全体主義、統制主義、国体主義へ躍進するもので、それにはソ連の極東攻勢を断念させることが、昭和維新の第一歩だった。

石原のところには、関東軍からの意見書が提出され、満州の実態が手にとるように分かる。

十二月の「北支問題に就《つ》いて」の意見書は、南京政府の「反満抗日」運動による事態の悪化を伝えている。

それによると、北支の満州に対する地位は満州の治安を脅し、満州経済に重大な影響を与えていた。関東軍としては、北支を国民党政権から完全に分離させて、日満支依存の基礎を確立したいという。

このとき、支那通の軍部の中には、北京に新政権をつくろうという動きがあった。しかし石原は、北京に「親日満の政権」を分立させることには反対した。

翌昭和十一年（一九三六）一月、駐支那武官磯谷廉介は蒋介石と会見し、蒋介石は日本との関係を是正して行く考えであること、南京政府を無視せぬこと、を確認して帰国している。しかし、参謀本部及び陸軍省内には、北支処理を積極的に行なう意見があり、石原とは意見を異にした。石原は北支問題もさることながら、「国防国策」の大綱案に取り組まねばならなかったからだ。

この「国防国策」という用語は、石原が造ったものだが、動機はこうである。

これまで、日本の陸海軍には、作戦計画はあるが、戦争計画はなかった。これでは国防を全うすることはできない。世界の列強は、国防国策を基本として外交をやり、軍備を整える時代に入っていた。日本は遅れていることに、誰も気づいていなかった。

石原の「国防国策」の目標とするところは、天皇を中心と仰ぐ東亜連盟の基礎として、日満支の協同を完成することだった。

それには、持久戦を予想して、①ソ連の陸上武力とアメリカの海上武力に対し、東亜を守り得る力をつける。②目下の協同体たる日満両国を範囲として、自給自足をなしうる経済力を養う、というものである。

また、満州の東亜連盟防衛の責務から、ソ連の侵攻に対して、満州大陸の日本軍と共に、断乎《だんこ》としてこれを撃破できる自信をつける、というものである。

だが、この構想に対し、海軍がクレームをつけた。

石原は思想統一を図るため、作戦班長の岡本清福中佐と一緒に、海軍の軍令部第一課長（作戦担当）の福留繁大佐を訪れ、国防国策大綱案について懇談した。石原みずから出かけて海軍との詰め合わせである。石原はその席で、

「いくら軍備の充実を企図して兵力だけを充実しても、断じて戦争はできない。全国軍の作戦に必要な軍需工業が満州になければ、極東ソ連軍には勝てない。また米、英、ソ連軍に対し持久戦をやるにも、対ソ連軍備の予備ではまったく戦えない。対ソ軍備に重点を向けて北方の脅威を排除して、支那との協調を保ちながら、また極力、米英とも協和を図り、この間、満州国の育成を主として重要産業の拡大など国内改革を断行し、国力の増大を促進することが急務」という旨を説明した。

だが、満州事変に反対だった海軍側は、「北守南進」を主張した。

「海軍は国策として、北はこれ以上進まないことを決めることを意味する。南進とは、日本の将来の発展を南方に方向づけようとするものだ」

「北守とは、満州を意味するようで、同意できない。今後十年間は、日本はわき目もふらず、満州の経営に専念すべきである。それ以外に他意はない。南進というが、陸軍が北方でやったことを、海軍がやらかすのではないかと心配である。ここ十年間は、満州以外に国力を割くべきではない。南進を打ち出すのは、そのあと、十年後にしてもらいたい」

このときの陸・海軍は平行線をたどったまま、翌十一年（一九三六）一月二十三日に持ち越された。軍令部の福留繁が参謀本部の石原を訪れ、第二回の会談となる。そのさい、福留は、

「国防国策よりも、むしろ国防方針、用兵綱領を改定すべきと思われる」と提案した。

石原は海軍の意見を聞き入れて国防方針改定のための一案をつくり、陸軍省に打診したところ、石原が作成した参謀本部案に同意も反対もしなかった。

そこで石原は、二月十五日の参謀本部部長会議で、「事務当局では意見の一致を見ないので、次長間で折衝を願いたい」と、西尾寿造次長に要請している。

この「国防国策」がまとまるのは六月である。その間、陸海の間で折衝が続くが、不幸にも、二・二六事件が突発して、一時中断となった。

石原は、相沢三郎の弁護をたのまれたりして非常に多忙だった。この件は途中、「おことわり」の代理人伝言があり、実現しない。二月二十五日が裁判の日だった。が翌日、二・二六事件が計画されていたとはまったく想像もしていなかった。ようやく六月三十日に「国防国策大綱」を策定して、大臣の決裁を得る。

苦境に立たせられた二・二六事件

二・二六事件の突発は、石原を苦境に立たせた。二十六日早朝、皇道派の青年将校たちが反乱を起こし、重臣を襲撃したのである。

石原がこの事件を知るのは、二十六日の早朝である。電話をかけてきたのは、のちに企画院総裁となる新聞班長の鈴木貞一中佐だった。

事件の概要を知ると、石原は軍事課高級課員の武藤章中佐に電話をかけて知らせた。

この日の朝、雪の中を、石原はいつものように平然として三宅坂に出勤した。すでにとなりの陸軍省も参謀本部も、反乱軍の兵隊に占領されていた。石原が反乱軍の前を通りかかると、途中で安藤輝三大尉が兵隊に銃を向けさせ、

「大佐殿、今日はこのままお帰りいただきたい」石原を呼び止めた。すると石原は、

「何を言うか。陛下の軍隊を私するとは何ごとだ。不届き千万な奴だ。この石原を殺したかったら、貴様ら直接自分の手で殺せ。仮にも兵隊の手をかりて人殺しをするなど、卑怯千万である」

石原は怒鳴りつけると、そのまま歩き、参謀本部の課長室に入った。そこで平然として、仕事をする振りをしている。彼を殺害するために、日蓮宗の信者である山本少尉が石原のあとをついてきた。だが山本少尉は、石原の堂々たる態度に、むしろ敬礼して、途中から引き返した、というエピソードがある。

石原は、このあと川島義之陸軍大臣の公邸に入った。そこには先に軍事参議官の真崎甚三郎大将が、公邸の玄関に仁王立ちしていた。

なぜ真崎がきているのか、石原にはその理由が分からず、

「お体はもうよいのですか。お体の悪い人が、えらい早いご出勤ですね。ここまできたのも自業自得ですよ」

と言った。(「石原莞爾の悲劇」より)

午前五時というから、二月下旬の朝はまだうす暗い。反乱軍の首謀者、香田清貞大尉、村中孝次、磯部浅一の三名は川島陸軍大臣に面会して、昭和維新実現に導くことを迫った。

また三人は、速やかに真崎大将、古荘幹郎陸軍次官、山下奉文、満井佐吉中佐(相沢中佐の特別弁護人)を呼んで、収拾策を相談することを要望した。

川島がこれを承諾したため、午前十時、宮中に参内して、陛下に委細を奏上した。

それより先に、杉山元参謀次長は、作戦課の公平匡武少佐と宮中に参内していた。石原も宮中に入った。間もなく、参議官たちが事件処理で意見を交わした。

石原もその席にいた。真崎と荒木の両参議官は、

「維新部隊はなるべく怒らせずに原隊復帰させる」と力説した。

その後、香椎浩平(東京警備司令官)を司令官とする戒厳司令部が九段会館に設置された。石原は戒厳参謀兼務となり、事件の解決に当たることになる。

この事件の解決は二月二十九日だが、二十六日早朝から二十九日の夜までの四日間、日本

が一番震えた「長い四日間」だった。

石原は戒厳参謀となると、杉山元次長に、「戒厳令で一挙に片づけてしまってはいかがですか」と迫った。ところが、杉山は腰を上げようとしない。

その後、石原は荒木を訪ね、

「事態収拾の方法として、今から一時間以内に軍事参議官全部で大命を拝し、青年将校のいうような内閣をつくられてはいかがですか」

と言った。

荒木は、「そんなことは出来ることではない」と反対した。

二十六日夜の十時から翌二十七日午前二時まで、陸相官邸で、軍事参議官が会合したが、何ら功をなさず、無意味に終わる。

二十七日午前八時五十分、杉山次長は反乱軍鎮圧のための奉勅命令の允裁《いんさい》を得た。

石原が軍人会館（九段会館）の戒厳司令部の香椎戒厳司令官室に入って行くと、そこには反乱首謀者の村中孝次が香椎と話をしていた。

村中は石原が入室すると、急に黙った。間もなくして村中は、香椎に自分たちを「忠義の臣」として認めてほしい、と言った。しかし香椎は、はっきりした返事はしなかった。それを見ていた石原は、突然、

「おい、村中！　すぐに帰れ。わしは戒厳参謀として、きさまを逮捕すべきところだが、ここは武士の情けで見逃してやる」

と怒鳴った。

翌二十八日午前零時のこと。戒厳令を施行する奉勅命令の下達をめぐって、参謀本部、戒厳司令部、第一師団司令部と、反乱首謀者や満井佐吉中佐らとの間に、必死の駆け引きが展開された。

杉山次長は奉勅命令を戒厳司令部へ渡すタイムリミットを、二十八日の午前五時に予定していた。その間、協議の時間を置いている。

香椎と第一師団長の堀丈夫は、なんとかして武力衝突を避け、決起部隊に有利になるようにと考えていた。

軍事参議官の真崎も、香椎としきりに談合して、決起隊が有利になるように働きかけていた。

二十八日午前二時。下達が間近いと知った小藤恵歩兵第一連隊長の臨時副官の山口一太郎は、九段の戒厳司令部を訪れ、約二時間にわたって、泣いて「皇軍相撃を避けてほしい」と訴えていた。

真崎も石原のところにきては、戒厳司令部の行動に干渉がましいことを言うので、ついに石原は、

「こんなバカ大将がおって、勝手なまねをするもんだから、こんなことになるんです」

と爆発した。二人はその後、

「上官に対してバカ大将とは何か。軍紀上許せない！」

「軍隊が、こんなざまになって、何が軍紀ですか」

とやりあっている。

午前九時すぎ。戒厳司令部では、川島、杉山と決起将校を救いたい香椎らが、奉勅命令をめぐって対立した。杉山が厳然として奉勅命令を遂行すると強行したため、香椎はついに午前十時に、奉勅命令による討伐断行を決意した。

翌二十九日朝、戒厳司令部は戦闘区域内の住民を避難させ、反乱軍の占拠地からの撤去を呼びかけた。空からは帰隊勧告のビラを撒《ま》いた。

午後二時、下士官たちはそれぞれ原隊に戻ることになり、首都での皇軍の相撃ちは避けられた。同時に、将校の大部分が逮捕され、流血もなく、反乱事件は終結した。

この反乱事件終結後の三月一日、石原は上司に進退伺いを出して、さっさと帰宅した。

三月六日、弘前第八師団の歩兵大隊長をしておられた昭和天皇の弟、秩父宮雍仁《やすひと》親王が参謀本部の石原を訪れた。その席で石原は、

「今次の事件の責任を負って、大佐以上は全員辞職すべきです。第二案は陸軍士官学校十五期以上は全員辞職すべきです。第三案は、第一、二案が無理ならば、せめて大将クラスは全員待命にすべしです」

と提案した。

石原はその後、上司の慰留により、作戦課長に残り、「国防国策大綱」に取りかかった。

満州産業五ヵ年計画

石原が参謀本部に入って十ヵ月後の六月五日、参謀本部の編成変えに着手した。動機はこれまでの参謀本部勤務の体験から、業務の処理が統制不充分のため、スムーズに流れない不便さを感じていたからである。

参謀本部の業務処理は、関東軍での業務処理に比較して統制がとれていないばかりか、弊害が多すぎた。そこで、業務を迅速に処理するため「参謀本部編成兼担任業務に関する意見」を立案して、関係方面の意見を伺っている。

参謀本部には「中核がない」ため、総長の下に次長、その下に総務部、第一から第四までの部制にした。

総務部には、演習班を加えた庶務課と人事局業務の人事課を設ける。

第一部には、戦争指導と国策政策、調査を担当する戦争課と、作戦、兵備、制度を担当する作戦課を。第二部には欧米課、ソ連課、支那課の三課を。第三部は交通、通信、防衛の三課を。第四部は教育。

この編成で、第一部に権力を集中させ、第一部長には桑木崇明少将が就任した。石原は戦争指導課と作戦課長を担当した。また、同時進行の「重要産業五ヵ年計画」も立案し、国力の強化に力を注ぐ方針をとる。

これは、昭和二年にスタートしたソ連の第一次経済五ヵ年計画（昭和七年まで）、昭和八年からの第二次計画（十二年まで）、第三次計画に対抗しての産業計画である。

石原は相当兵力の北満への移住、軍の機械化、航空兵力の増強など、兵備充実案を作成した。

当時、日本政府にも民間にも、日本経済力を総合判断する機関がなかった。「国づくり」を考えず、眼先の事務処理と増税、予算どりにあけくれていた。石原になって、初めて「国づくり」の基盤が生まれる。

本来は、政府がやる仕事である。企画院しかり。それをやらないのは、あまりにも官僚にまかせていたからである。

石原の発想は、日本国内には資源はなく、満州の開発で国づくりをやろう、というポリシーであった。

そこで考えたのが、日満経済力強化拡充計画である。彼は満鉄で無視されていた宮崎正義を起用して、日満財政経済研究所をつくり、ここで「産業五ヵ年計画」を研究させた。また、その研究機関を、参謀本部の外郭機関とした。場所は東京駅のステーションホテルである。

まず手がけたのが「満州産業五ヵ年計画」である。最初に提案したのは、満州事変を一緒にやった片倉衷少佐だった。石原は片倉の意見を取り入れ、昭和十一年八月から、参謀本部、陸軍省、関東軍、満州国政府と協議のうえ、「満州産業開発五ヵ年計画」を策定し、昭和十二年度から実施することにした。

この「満州産業開発五ヵ年計画」を策定した動機と理由を、石原はのちに昭和十六年、「戦争史大観」の中でこう語っている。

「世はいよいよ国防国家の必要を痛感した。国防国家とは、軍人の見地より言えば、軍人が作戦以外のことに少しの心配もしなくてもよい状態であることで、軍としては、もっとも明確に国家に対して軍事上の要求を提示しなければならない。私は世人の誤解に抗議するとともに、私のこの態度だけは、わが同僚並に後輩の諸君に、私のようにせられることを、おすすめするものである。

私は一試案を作ってそれに要する戦費を、その道に明るい一友人に概算してもらった。友人の私に示した案は、私の立案の心理状態と同一で、どうやら内輪に計算されているらしい。私の考えでは、軍は政府に軍の要求する兵備を明示する。政府は、この兵備に要する国家の経済力を建設すべきである。しかし当時、自由主義の政府は、われらの戦費を鵜呑みにしても、これに基づく経済力の建設は到底《とうてい》企図する見込みがないところから、軍事予算が通過しても軍備はできない。

考え抜いた結果、何とかして生産力拡充の一案を得て、具体的に政府に迫るべきだと考え、板垣関東軍参謀長と松岡満鉄総裁の諒解を得て、満州事変前より満鉄調査勤務のため、関東軍と密接な連絡があり、事変後、満鉄経済調査会を設立した宮崎正義氏に『日満経済調査会』を作って貰い、先ず試みに前に述べた試案に基づき、日本経済建設の立案をお願いしたのである。誠に無理な要求であり、立案の基礎条件は甚《はなは》だ曖昧をきわめていたにも拘《かかわ》らず、宮崎氏多年の経験と、その勝れた知能により、遂に昭和十一年夏には、『日満産業五ヵ年計画』の最初の案ができたのである。

この案は、もちろん宮崎氏の一試案にすぎないし、その後軍備の大拡充が行なわれた結果、日本の生産力拡充計画も自然大きくなったことと信ずるが、いずれにせよ宮崎氏の努力は、永く歴史に留むべきものである。宮崎氏はのちに参謀本部嘱託となり、幾多有益なる計画を立て、国策の方向決定に偉大なる功績を樹《た》てられたことと信ずる。

この宮崎氏の研究の要領を聴《き》き、私も数年前、自由主義時代、帝政ロシア崩壊時代に『百万の軍隊を動かさざるべからずとせば、日本は破産のほかなく……』と、日本の戦争力を消極的に見ていた見地を心から清算した。

すなわち、日本は断乎として全体主義的建設により、東亜防衛のため米ソの合力に対抗しうる実力の養成を絶対条件と信じ、国家が真に自覚すれば、その達成は必ず可能なるを確信するに至ったのである。（後略）」

武藤章関東軍第二課長の逆襲

石原が今田新太郎少佐と満州の新京に着いたのは、昭和十一年（一九三六）十一月二十日である。関東軍の内蒙工作を中止させるためだった。参謀本部は関東軍の内蒙工作中止を命令していたが、関東軍は中央の指令に従わなかった。

関東軍は中央の意志を無視して内蒙に情報収集機関を派遣したり、蒙古人の懐柔工作を行なっては国民政府と摩擦を起こしていた。

内蒙工作を担当していたのは、陸軍省軍事課高級課員から関東軍第二課長に転任していた武藤章である。

　石原は、関東軍の不誠意を強く責めた。ところが武藤は、

「唯今のお示しは両長官（陸相、参謀総長）の意志なので、さようにおっしゃるので、必ずしも石原課長ご自身の気持ではない、と心得てよろしいでしょうか」

　と反問した。石原は腹にすえかねて、

「貴官は何を申す。すでに幾回も我が輩の名をもって、内蒙工作の不可を電報しているではないか。両長官は、関東軍をきびしく中央の統制に服せしめるよう小官を派遣したものだ」

　と怒鳴りつけた。すると武藤は、

「これは驚きました。私たちは石原さんが満州事変のとき、やられたものを模範としてやっているのです。あなたからお叱りを受けようとは、思ってもおらなかったことです」

と、とぼけた。

　このとき、他の関東軍の参謀たちが、いっせいに声をあげて笑った。石原は返す言葉がなかった。この夜の打ち合わせはそれきりで終わった。（『石原莞爾の悲劇』より）

　この日の、関東軍参謀たちの哄笑《こうしょう》は、同席していた今田新太郎によって報告されることになるが、同席していた今村均副長は、このときのことを、「そこに軍紀乱脈となる要因があった」と回想している。

　それでも関東軍は、内蒙工作に出た。が、陸軍中央部と外務省、海軍の強い反対により抑止された。

石原はこのあと、病床に伏している于沖漢を見舞っている。昭和七年の夏に別れたっきりになっていた。痩せ細った于沖漢は、見舞いにきた石原の手をとって、うれし泣きをしている。

今に思えば、満州占領主義だった石原が満州人による満州国家づくりに大きく目覚めたのは、于沖漢と会ってからだった。于沖漢は、日本軍が張学良の軍を追い払ってくれたことで、「やっと安眠がとれる」と感謝した一人である。

その後、于沖漢は満州要人に働きかけ、満州人による満州国家づくりの立役者になり、みずから満州の治安を担当する大臣になった。

だが、中国は西安事件をきっかけに、共産党が力をつけ、「国共抗日」運動を展開し、昭和十二年(一九三七)七月には共産党軍が上海の非武装地帯に入り、日本の陸戦隊と交戦になった。

これが、石原の命とりとなった。

石原は、国民政府に対しては不拡大主義者だったが、七月、盧溝橋事変が起き、八月には上海へと戦火が広がり、参謀本部内では石原を封殺するように、上海派遣の声が高まった。石原には止める策もなかった。

上海事変では、五個師団の派遣要請があったが、満州での対ソ連を視野に入れていた石原は、三個師団の派遣を決定する。

しかし戦況は思わしくなく、石原の責任が問われた。

九月二十八日、突然、石原の更迭が決まる。彼の行き先は、犬猿の中である東条英機参謀長のいる関東軍だった。一説では、満州立て直しのため、石原みずから望んだ、と多田駿は語っているが、陸軍省の阿南惟幾《これちか》人事局長は、石原を東条の下に送り出すことには反対している。

石原の左遷人事で、参謀本部の若い幕僚たちの間では、

「これで日本は終わりだ」

と嘆く者が多かった。

最終戦争を避けるための満州国家づくり

石原莞爾が参謀本部第一部長（作戦）を馘《くび》になり、仲の悪い東条英機が参謀長をしている関東軍へ左遷させられるのは、昭和十二年九月二十八日で、送別会は二十九日、麹町の「宝亭」で行なわれた。

酒もタバコもやらない石原は、酒宴を嫌った。しかしこの日は特別で、始まる前に、参謀本部第一部の各参謀たちを前に、ふたたび満州に出かける悲壮な決心を、昭和六年（一九三一）九月の満州事変当時を追懐しながら話した。

「満州事変は、満州人による国家をつくるためにやったもので、植民地政策ではない。台湾との違いは、満州人が政治、経済を司《つかさど》る。日本人は治安に当たるだけである。だが、今の満州は台湾と同じだ。日本官吏が威張りくさっている。俺は満州をやり直しに行く。これが最

後のご奉公の覚悟だ……」

だが、石原の更迭にショックを受けた参謀本部第一部の参謀たちは、誰ひとり頷《うなず》くでもなく、また拍手する者もいなかった。むしろ若い参謀の中には、無念のあまり、泣いている者もいた。

十月七日、午前九時十分上野発の急行で、石原は新潟に発った。見送りにきた者は数十人だった。二度と会えるかどうか分からぬかつての部下や同僚たちに、石原は、

「俺は、陸軍における最後のご奉公の覚悟と決心で満州に行く」

と、別れの挨拶をした。

石原は羽田からの軍用機、または東京駅から下関に出て、そこから大連港に渡り、満鉄で新京へ入るルートをとらず、あえて新潟港から北朝鮮の羅津港へ渡った。それには理由があった。北朝鮮や沿海州の視察と軍港、商業港の開発状況の確認のためだった。

北朝鮮の沿岸には、軍港としての清津港、商業港としての羅津港がある。ソ連との国境豆満江に近い羅津を、商業港として築港するように企画・立案したのは、昭和五年、関東軍の下級の新任参謀だった石原である。石原は、当時満鉄の副総裁・松岡洋右に、ハルピンと羅津、清津を結ぶ鉄道の開発を急がせた。

その動機は、北満の大豆など農産物や石炭、鉱石などを日本に運び出すうえで、従来の大連港だけでは鉄道輸送が遅いことと、大連港が大混乱して日本への物資輸送が大幅に遅れていたためであった。

大連港だけではパンクするので、第二の港を築港する必要があった。石原は、海上輸送時間が短い羅津港から日本の各港へのピストン輸送を思いついた。これには松岡も乗り気で、すぐに着手した。満鉄としては関東軍のバックアップが必要だっただけに、石原構想はまたとないチャンスだった。

昭和七年八月の異動で、関東軍から外務省に出向する間、石原は何度も鉄道工事や築港現場に立ち合っている。羅津港は狭くて、商業港としては不適当であった。特に港湾労務者の宿泊施設がない。もう一点は山と海岸の間が短く、貨物の移しかえに不便ではあった。

そこで石原は、四〜五階建てのアパートやビルの建設で港湾関係者の宿泊施設をつくり、港は埋めたてて拡張する方針を打ち出す。この考えは関東軍と満鉄との間で了解され、予算化されて進行した。

あれから五年ぶりの羅津港である。一昼夜の航海で羅津に着いた石原は、迎えにきた飛行機を帰すと、そこで一泊して、施設を視察し、その足で新設された鉄道で新京入りした。その間、鉄道の窓から外の様子を細かく観察している。

石原は二度目の関東軍勤務にあたり、珍しく「備忘ノート」を用意している。そのなかには、満州の政治と経済の企画・立案機関である満州協和会（会長は張景恵総理大臣）の内情、関東軍の現状、また外務省関係者からの満州事情を調査し、泣いて訴える苦情を詳細にメモした。

石原が関東軍参謀副長として満州再建に乗り出したのは、昭和十二年十月十二日（新京到着）から翌年の八月二十八日までの、わずか十ヵ月である。これには東条英機参謀長、植田謙吉関東軍司令官兼日本国大使との確執があった。

石原が五年ぶりに関東軍参謀として渡満してみると、当初、本庄繁関東軍司令官の下でスタートした、満州人による満州国家の機能は、その片鱗さえ残っていなかった。五族協和の名のもとに、満州人による満州国を作り上げたにもかかわらず、満州国家建設当初の多くの要人たちの中には、病死したり、その職を追い出されたりした者がいた。五年前に築き上げた満州の姿ではなかった。

関東軍司令部に着いてからの石原は、溥儀《ふぎ》皇帝、植田軍司令官、東条参謀長に挨拶すると、間もなく牡丹江省や北満、チチハル、南満州へと、現地視察に駆け回った。当時、満州には五個師団半が駐屯していたが、その多くはソ連国境に近い東満（吉林省、牡丹江省）で、ついで黒竜江を隔ててソ連国境とは目と鼻の先にある黒河など北満である。

石原は、ソ連軍の戦備強化をウラジオストックの日本大使館やハルピンの特務機関（樋口季一郎特務機関長）からソ連軍の動きを入手していた。が、関東軍の支配下にある日本軍の対ソ連戦備を見て回っているうちに、ソ連軍との戦備比率が予想以上に劣っていることを知り愕然とした。

「いったい関東軍の参謀たちは、何をしていたのだ！」と怒りさえ覚えた。

また、現地の各師団長や各師団の参謀たちの意見を聞いているうちに、なかには無策な参謀がいたり、また窮乏を訴える参謀もいたりして、無防備な前線部隊に呆れはてる。

石原は十月下旬、ただちに各師団の参謀たちを牡丹江省に集めて戦略を練った。まず野砲や口径八十五ミリの大口径高射砲の必要、航空兵団の強化などを思い知らされて、参謀本部の多田駿次長へ提案している。

また、満州には対ソ連軍戦備を「ソ連の八割」まで必要と主張していた石原は、早急に十六個師団を駐屯させるべしと進言した。

とにもかくにもソ連の動きに、何ひとつ準備していなかった。「何をしていたのだ！」と、石原は上司である東条や植田軍司令官の無策に怒りを覚えた。

また対ソ連戦略のため、従来の関東軍から各師団への命令では遅く効率的でないことから、石原は満州に「方面軍」を置き、組織の強化を訴えた。このことは、ノモンハンで惨敗した昭和十四年夏以降、慌てて強化された。

満州国再建のためには、政治、経済機構の改革が急務だった。石原は日本の官吏と関東軍が、あまりにも満州国政府に介入しすぎていることから、内政干渉から手を引くように、植田軍司令官に提案している。なんと石原は二回、「内政干渉から撤退すべし」と、植田に訴えた。

しかし、無能な植田はのらりくらりと答えるだけで、石原副長の意見を無視した。

石原の満州人による満州国家づくりとは、「満州合衆国家」をつくり上げることだった。ユナイテッド・オブ・満州だったのである。極言すれば、アメリカ合衆国と似ていた。五つの民族による、満州合衆国づくりである。

そのことは何を意味し、どういう展開になるかといえば、二つのことが想定された。

まず第一点は、五族の満州人による国家をつくることで、日本が満州を侵略、植民地化しないことにより、蔣介石の国民党はもとより、毛沢東の中国共産党やのちに日本人満州人を苦しめた張学良の鼻をあかすことができる。

なかでも、蔣介石や毛沢東、周恩来（彼は石原の考えに同調した一人）など中国指導者たちの、対日認識が改まるだろうという期待があった。

もう一点は、国民党に加担しているアメリカやイギリスなどの、満州政策への認識の大幅変更である。

特に外資導入による満州産業開発案は、アメリカ資本（多くはユダヤ資本）の参入が進められていて、対日感情が大きく変わるだろうと、石原は先を読んでいた。

また、満州の産業開発による国力の強化により、最終的にはアメリカと戦わなくてすむだろう、アメリカは経済封鎖という宣戦布告を取りやめるだろう、とまで読んでいた。

残念ながら植田も東条も、そこまで頭が回らなかった。満州国家づくりが、最終戦争を避けることでもあったのだが、植田も東条も、また杉山元陸軍大臣も梅津美治郎次官も、理解しようとしなかった。

このことが、日本の最大の悲劇だった。

石原はそれでも満州産業開発のため、北から南、東から西へと駆け回り、専門家と一緒に油田調査、鉱石、石炭発掘、ダム建設、電力の確保、内地企業の誘導、満州への進出などに精力的に動き回った。

すでに石原の持病である膀胱の病いはひどくなる一方で、出血と痛みに苦しむ毎日だった。

しかし、時間がなかった。ソ連はシベリア鉄道を利用して、極東のソ連軍備を強化していた。ウラジオストックには、アメリカの輸送船団まで入り、物資を送り込んでいるのが日本の領事館で確認されている。

だが、内地に帰って出世することしか考えていない軍人官僚の植田も東条も、満州国家づくりには無策、無関心で、むしろ台湾同様、植民地化を強めていった。

そのことが、中共や国民党の指導者を、ますます抗日運動に走らせることになると知りながらも、何ひとつ手を打とうとしなかった。それでも石原は、孤立無援のまま、戦備強化と産業開発に力を注ぐ腹だった。

第二章――ハルピンの秋

ユダヤ人の暗躍

石原莞爾がハルピンの市街を歩いたのは、新京に着いた九日後である。すでに冬の風が吹き、夜の街は冷え込んだ。

新京を発った石原は、牡丹江に行くため、ハルピンで下車して東支鉄道に乗りかえた。その途中、ハルピンに立ち寄った。

ハルピンには同期の樋口季一郎少将が、前任の安藤麟三少将（当時）にかわって特務機関長として着任していた。安藤は昭和十二年（一九三七）八月に中将となり、四国・丸亀の師団長（第十一師団）に栄転していた。

ハルピンは旧ロシアの街で、日本の特務機関が潜入したのは大正十四年（一九二五）である。初代特務機関長が当時大佐だった安藤である。このほか、昭和十一年にハルピン憲兵隊本部特高課長として着任した河村愛三も、大正十四年十二月に、陸軍大臣の密命をおびて新聞記者吉田幸一と変名してハルピンに潜入していた。

大正十四年のハルピンには、ソ連の対日赤化謀略の動きが顕著だった。陸軍はその背後に、ユダヤ人が暗躍していると睨んでいた。ロシア革命はユダヤ人が裏で糸を引き、成功させている。レーニンのあとをついだトロツキーはその最たるものである。

「資本論」の著者カール・マルクスは、本名をモルデカイといい、ユダヤ人であった。トロツキーもしかり。十月革命をやったレーニンに裏から資金援助したのも、アメリカのユダヤ人たちだった。レーニンの周りには、ユダヤ系知識人やトロツキーのようなユダヤ系革命運動家が集まっていた。

ロシア革命のときに追われた白系ロシア人たちは、シベリア鉄道や東支鉄道でロシア人が創った北満州の都ハルピンに逃げ込み、土着している。また、ハルピンには大陸を追われたユダヤ人約五千人が生活し、白系ロシア人との間でいざこざが絶えなかった。

アンチ・ユダヤで、ユダヤ研究家の第一人者四王天延孝中将は、『ユダヤ思想及運動』（昭和十六年刊行）の中で、「アジアには六十一万八千人のユダヤ人がいる。そのうち北支には二千五百人、上海には二万六千人いる」と推定している。

四王天が使ったデータは、一九三八年（昭和十三年）にロンドンで発行された『ユダヤ年鑑』によるものだが、調査の年度は、ちょうど石原や樋口が満州にいる一九三七年（昭和十二年）頃と推定できる。

この年鑑を引用した四王天のデータによれば、世界のユダヤ人の総人口は千六百十一万三千人とある。そのうちアフリカに約八十二万人、アメリカ大陸全土に約五百万人、アジアに六十一万八千人、オーストラリアなど豪州に三万人、ヨーロッパに約九百六十九万人とある。一番多いのはアメリカ合衆国で四百二十二万八千人。これは合衆国の総人口の三・七五パーセントにあたると分析している。

二番めに多い国はポーランドで三百六十万人。全人口の約九・七パーセント。三番めがソ連で、ハルピンも含めて二百八十七万人である。しかしソ連の総人口に占めるユダヤ人の数は二パーセントと少ない。

アジア全体には六十一万八千人とあるが、その中でも上海が一番多く二万六千人。続いてハルピンの五千五百人。北支には二千五百人のユダヤ人がいたが、その内訳は天津千八百人、青島三百人、北京百人、張家口などに若干名とある。

ちなみに、日本には千人近いユダヤ人が住み、ビジネスをしていたといわれるが、四王天は、この説には異論を持っていて、「その千名というのは日本ユダヤ人のことで、小泉八雲（本名ラフカディオ・ハーン）など外国籍を持って居住している外交官や学者、技術者、経済人などで、これは別問題である」と、他国のユダヤ人と区別している。

ユダヤは両者に立つ

石原はハルピンの市街を久しぶりに歩き、ひと目でユダヤ人の店と分かる家に立ち寄り、フランス語で話しかけた。しかし反応がないので、今度はドイツ語で話しかけた。すると、一見してユダヤ人と分かる男が顔を上げた。

向こうは関東軍参謀副長とは知らない。だが、服装からして軍人と分かるし、またお伴の男たちの様子から、相当上級の軍人と、判断したようである。

「ドイツ人か?」と得意のドイツ語で聞くと、ポーランド人だといった。そのとき石原は、ポーランド系ユダヤ人がドイツ語を理解した理由が分かった。

ベルリンに留学中、石原はカメラ店のユダヤ人のばあさんに教えられたことがあった。子供を躾けていたが、石原に、

「子供には、なぜそうなるのかを教えることが大切」

とドイツ語で話してくれた。その日以来、石原はユダヤ人が好きになっていた。

ユダヤ人の商売は、主に紳士服地や貴金属類だった。石原がドイツやフランス、イギリスに留学した頃、及びジュネーブの国連会議のためモスクワ経由で出かけたさい、ユダヤ人の思想、国際性、国家意識、商売、全世界のユダヤ組織を調査したことがあった。

蔣介石の周囲どころか中枢には、ソ連人のボロージャン、ガロンのほか、ユダヤ系イギリス人、ソ連の軍事顧問、オーストラリアの軍事顧問マクドナルドなどがいることも知り尽くしていた。そのほか主な人物に、イギリスの軍事顧問レックス、蔣介石の南京政府顧問で国際連盟の衛生保健部長のライヒマン博士などがいるが、蔣介石の顧問の多くはユダヤ人であった。

また、国際連盟の経済部長のソルター、交通部長のハース、文化開発担当者もユダヤ人で

あった。「国連総会で松岡洋右全権大使に噛みついたスペインのマダリガもユダヤ人」と、四王天は書いている。

国際連盟は、当時からユダヤ人とフリーメーソンで組織されたと言われていた。その根拠は、各担当部長、事務局長のほとんどがユダヤ人だったことによる。第一次大戦後、九ヵ国条約が締結されるが、その後、アメリカ側から和平工作プリアン条約がつくられる。発案者はシカゴに住むユダヤ人弁護士のレービソン博士だった。これをアメリカの国際法学者ショットウェール博士が条文化している。

さらにロシア革命当時まで逆のぼると、一九一六年（大正五年）二月、第一回目のチンメルワルド国際社会党会議には九ヵ国から党員が集まるが、ロシアのレーニン以外の五十六名はユダヤ人だった。

キンタールで行なわれた第二回大会には四十名が参列したが、ロシア側からはレーニンのほかノーウィエフ、トロツキー、アクセルロド、マルトフが出たが、いずれもユダヤ人である。

この大会には、フランスの軍需大臣アルベール・トーマも出席した。彼もユダヤ人で、のちに国連の労働事務局長となる。トーマはフリーメーソンの組織員であるフランスのビビィアニ首相とロシア皇帝ニコラス二世を訪問している。

しかし、日本人にとって忘れられないユダヤの恩人もいる。日露戦争資金の外債を買い、援助したヤコブ・シッフはクーン・ロエブの銀行王だが、彼は資金づくりに四苦八苦していた高橋是清との間に、当時の金で二億五千万円の資金援助を約束した。ヤコブには日本がロシアに勝つことで、ロシアにいる六百万人のユダヤ人を解放する願いもあった。

ヤコブは日露戦争後のロシア革命のさいには、運動費として当時の金で千二百万ドルを提供している。ただし日本政府に貸した二億五千万円の利子は高いものだった。その高利の資金で、日本はイギリスから軍艦、銃砲を手に入れ、またイギリスの軍事顧問と共に戦って勝った。

「ユダヤ人は両者に立つ」という言葉が日本軍の間に広まるのは、満州事変以後である。国連がフリーメーソンとユダヤ系の人たちによって発足すると、事情は大きく変わっていた。

そのことは、石原や四王天、松井石根、それに樋口らユダヤ研究者が一番知っていて、ユダヤ人の扱い方を誤らないよう、配慮していた。

ユダヤ人対策を取り入れて、戦争を解決しようとしたのは、昭和十二年（一九三七）八月、当時の上海派遣軍司令官の松井石根だった。情報通の松井も、上海や北支を視察した大正、昭和の初め頃から、ユダヤ人のアジア征服、さらにはユダヤ人の世界組織とメディアの操縦を知っていた。上海や南京にいるアメリカやイギリスの特派記者たちのほとんどがユダヤ人系と見て間違いではなかったからである。

特にアメリカ系ユダヤ人は、フリーメーソンの組織員と見られていたルーズベルト大統領へのパイプが太く、上海にいるユダヤ人やフリーメーソン、各紙特派員を敵に回しては戦争が長びくばかりか、対アメリカ戦に発展しかねないと判断している。

松井は参謀本部に呼ばれたさいの昭和十二年八月、上海のユダヤ人を味方にするため、上海ユダヤ人に通じている海軍の犬塚惟重大尉の特務機関起用を提案して了解をとる。だが、海軍がその件に対して反対したため、犬塚起用は流産した。南京攻撃直後の十二月にも犬塚起用を申し出たが、今度は陸軍に蹴られた。

ここに、第二次上海事変の短期解決構想は白紙となり、現地日本人たちは逃げまどった。すでに上海の日本人街は、フリーメーソンやユダヤ系の軍事顧問たちに操られた蔣介石軍によって危険な状態になっていて、時間がなかった。

作家の林京子さん一家は少女時代、当時の被害者である。上海事変のさいは両親ともども家をたたんで長崎へ引き揚げた。その当時の様子を、日本エアシステムの機内誌「アルカス」で詳しく書いている。

もしも上海に二個師団余を派遣するまでに時間があったら、松井は海軍の軍令部をさらに説得して、ユダヤ人との間に何らかの密約を取り入れ、上海戦を早く解決していただろう。

また、二万余名という戦死者も出さなかったろうし、南京まで攻めることもなかっただろう。その意味では、大東亜戦争にいたる間の陸軍への批判は、かならずしも当たっていない。

決定的なミスは、むしろ上海事変前後の海軍のミス・ジャッジにある。

海軍はユダヤの研究に欠けていた。また、ユダヤ研究家の犬塚の存在を軽視していた。犬塚の存在を高く評価し、上海のユダヤ資本、メディアへの協力を求めようとした松井石根の心を読めていなかった。

結果として、石原が強調してやまなかった不拡大論は、上海のユダヤ対策をミスリードした政府と海軍により、断ち切られることになる。

世界ユダヤ人大会

石原は牡丹江へ出かける前に樋口と会ったさい、ハルピンの様子を聞いている。しかし樋口は、ハルピンにきて間がない。二人の会話は、石原が作戦部長時代の、八月の話になった。

「なぜ急進論者の武藤らを入れかえなかったのだ。さすれば、不拡大方針を押し通せたはずだ」と、樋口は憮然とした態度をとった。

「またその話か」と、石原は苦笑した。

「北京では、香月将軍が北京政府をつくろうとしている。蒋介石や彼のバックにいる毛沢東や周恩来、それにソ連やイギリス、アメリカ、オーストラリアの軍事顧問たちは、つぎは南京だと先読みする。これじゃますます、満州国家が危ぶまれるな」

「この満州は、今じゃオレが描いた五族協和の満州じゃないよ。植民地になってしまっとる」

「ソ連は五ヵ年計画を着実に実行しているぞ。ウラジオストックだけでなく、西の方も、軍事訓練をやっているとの情報が入っている。きさまが武藤らを馘《くび》にしておれば、上海にまで飛び火しなかったのにな」

「あれには、わけがあるさ」

「満州と北京を一緒にするなんぞ、ここが変だ」と、樋口は自分の頭を叩いた。

石原は多くを語らなかった。彼は今しがた見てきたハルピン市街のロシア系ユダヤ人のことに話を変えた。五年前よりもユダヤ人の数が多いように思えたからである。

「それなら、河村少佐が詳しい」

樋口は安藤特務機関長の下で働いていた河村を呼び、石原に紹介した。

河村は、シベリアまたは東支鉄道でハルピンにくるユダヤ人が増えつつあることを報告した。

河村の報告によると、昭和十年（一九三五）八月六日付のニューヨークのユダヤ公報誌「ジュウィッシュ・デイリーブレティン」（日刊）が、日本の外交官で国連の事務次長、政治局理事をしたことのある杉村陽太郎（大使）にインタビューしてコメントを掲載したことから、ヨーロッパのユダヤ人の間で満州行きが昂《たかま》ってきて、極東ユダヤ人大会まで準備されているとのことである。

杉村コメントは、のちに誤報と分かるが、多分にヒットラーに追われたヨーロッパのユダヤ人たちの間に焦りがあり、朗報を流す意図からだろうと推測する。

その「杉村コメント」とは、どういうことだったのか。安江弘夫「大連特務機関と幻のユダヤ国家」によると——。

杉村は上海に立ち寄ったさい、上海のユダヤ月報社の社主でもあり、「イズラエルス・メッセンジャー」の主幹でもあるエズラの訪問を受け、ユダヤ人五万人の満州国移住の可能性を聞かれたさい、「満支人との競争上より（貿易に従うユダヤ人）の移住可能性は稀薄」と指摘したことが、のちの広田外相・永井ドイツ大使とのやりとりで明らかになっている。

しかし、エズラ主幹のインタビューに端を発した「杉村コメント」は、昭和十年八月六日付のニューヨークのユダヤ公報誌に「東京電」として、「五万人のドイツユダヤ避難民に対し、日本は満州国を開放する、と語った」と掲載されたという。

この記事は、外務省内で真相が究明され、広田外相はドイツの永井大使、中華民国（上海）の有田公使にも問い合わせる。

永井大使は、「杉村大使は格別之に取り合はさりし趣《おもむき》の処、或はエズラに於て右問答を誤解若《も》くは曲筆報道せるものあらずやと推察せらる」と回答した。

有田公使も上海から、エズラ主幹が外務省の重光葵次官にインタビューした記事が上海の英字紙（多分にイズラエルス・メッセンジャー誌）に、「次官は帝国政府は右情勢に付て考慮し居らさるに非さる旨、並に不法行為を抑圧し不穏分子を除去する措置を確に執るへき趣旨の記事を掲載し居れり」と、難解な表現で報告している。

ヨーロッパのユダヤ人たちは、一九三四年（昭和九年）八月、ヒットラーがドイツ首相と大統領を兼任したあと、ユダヤ迫害政策が顕著になったことで動揺していた。

昭和九年八月二十日から二十三日までの三日間、ジュネーブで第三回ユダヤ人大会が開催され、民族問題、経済問題などが激しく論議された。

ヒットラーが大統領を兼任した直後のこともあり、世界二十六ヵ国にある四十団体約百名の代表が参加している。主にドイツのボイコット問題、ドイツ在住のユダヤ人問題や経済問題が議題になったが、この三日間で世界中のユダヤ組織が結束された。
アジア地区への移住もそのひとつで、ユダヤ系の公報及び機関紙は、情報さぐりのため先頭にたって各国のキーマンたちに会見している。メディアは情報収集のためであった。同時に全世界のユダヤ組織への広報手段でもあった。杉村陽太郎大使への会見も、そのひとつだった。

昭和九年のユダヤ人大会は、これを世界ユダヤ人大会にしようと呼びかけた。なかでもアメリカ系ユダヤ人代表のラビ、ステファン・ワイズの二人は、世界ユダヤ会議招集の必要性を強調し、対ドイツの強腰姿勢を訴えた。各国のユダヤ組織は、国連をはじめ、各国政府に対し、ユダヤ避難民の救済を働きかけることも申し合わせている。

ユダヤ人大会がエスカレートするのは、翌昭和十一年のジュネーブ大会である。この大会は九年に提案した第一回の「世界ユダヤ人大会」である。参加者は世界三十二ヵ国から三百余人が出席している。

なお、前年の十年八月に「世界ユダヤ人大会」が実現できなかったのは、その年の七月、ロンドンで「国際ユダヤ財閥会議」が行なわれたことと無関係ではない。

サッスーン財閥

国際ユダヤ財閥会議の中心人物は、上海のユダヤ財閥シャンハイ・アンクルと呼ばれる

E・D・サッスーンの総帥ダビッド・E・サッスーンである。

もちろん、石原はサッスーン財閥がどのような商売をして財をなし、またアジア全土でどのような事業を展開するかも知っていた。彼が不拡大を叫んだのは、上海ユダヤ資本に操られている蒋介石との関係を刺激したくないこともそのひとつだった。

サッスーンを含め、ジャーナリストの地位をうまく利用して日本の政府要人と会って情報を取り入れていた上海ユダヤ協会機関誌主幹のN・E・Bエズラもその一人である。エズラは上海と東京を結ぶ情報屋で、上海から世界中のユダヤ人向けに発信していた。彼らは国を追われ、一ヵ国に定着せず、世界中の組織と連絡をとり合っている。

そのエズラも、蒋介石を支援しながら、満州開発に乗り込もうとしていた。彼は指折りの親日家で、たびたび来日している。神戸在住のユダヤ商人ケンタキーには、日本政府や軍の動静をさぐらせていた。

エズラは本業が土木建築業で、ジャーナリストの肩書きを持ち、極東ユダヤ資本家の満州投資計画のために調査業務を下請けしていた。サッスーン財閥もそのひとつで、エズラの調査をもとに、満蒙で畜産事業を計画している。そのため、日本人の獣医を顧問に、満州に送り込んでいた。

ユダヤ人の満州開発は古く、明治三十三年（一九〇〇）まで遡《さかのぼ》る。一説では安達《アンター》地区に油田を発見していたと言われる。イギリスとアメリカのユダヤ財閥はインドに投資していたが、急遽、明治三十三年、満州への投資に方針を転換したが、油田開発が狙いだった。

アメリカの鉄道王ハリマン（ユダヤ人）が日露戦争のポーツマス条約調印後に満鉄に眼をつけ、一九〇五年（明治三十八年）、桂首相との間に、満鉄を日米均等の権利をもつシンジケート経営の予備協定を結んでいる。満鉄を共同で運営しようという案だった。しかし、日本政府は満鉄経営に必要な外債成立の目途がたったことから、ハリマンとの予備協定を破棄した。

満鉄の共同経営は、アメリカのユダヤ系資本が満州大陸に進出する足がかりだった。が、日本に破棄されたことで、日米の対立が始まったという説もある。

イギリス系ユダヤ人、サッスーンも満州進出を計画した一人である。もともとサッスーン家は、十六世紀にバグダッドで生まれたダビッドが一八三二年、インドのボンベイでダビッド・サッスーン商会を設立し、アヘンを密売して財をなしたことに始まる。イギリスの東インド会社からアヘンの専売権をとったサッスーン商会は、中国で売り払い、とてつもない利益を上げ、中国の銀を運び出した。

やがて、清国がアヘン輸入禁止令を出したことに端を発したアヘン戦争となる。敗れた清国は、南京条約により上海など五港の開港と香港の割譲、さらに賠償金二億一千万両（当時）を支払わされ、イギリスをはじめ列国の中国侵略の足がかりをつくることになる。

その意味では、サッスーン財閥はヨーロッパ列国に、第一級の功績を立てさせたアヘン密売人だった。そのサッスーンは開港後、上海にサッスーン商会を移している。

このサッスーン家だが、八人の息子がいた。末弟のダビッド・E・サッスーンは、サッスーン財団の総帥となり、中国を支配した。長男はロンドンに住み、イギリスの世界的ユダヤ財閥のロスチャイルド家やフランスユダヤ財閥のロチルド家とは閨閥《けいばつ》関係にある。

昭和十年、中国を支配するダビッド・E・サッスーンは、すでに七十六歳の老人になっていた。長身で痩身の彼は、しかし世界のユダヤ人の間では最有力者だった。彼の都合で、ユダヤ会議が変更になったほどである。

七月のロンドン会議には、世界中のユダヤ財閥が集まり、蒋介石の全面支援を決議すると共に、中国幣制改革を謀略する。だが、サッスーン翁は上海から日本経由でバンクーバー港に、さらにロサンゼルスに出て静養することを理由に、参加しなかった。

そのかわりに、アメリカのユダヤ銀行ナショナルバンク・オブ・ニューヨークのエマーソン重役（ユダヤ人）をロスに呼んで、ロンドン会議に向けての打ち合わせを行なっている。

七月のロンドン会議後は、サッスーンはバンクーバーの別荘へ会議に出席したエマーソン、イギリス最高経済顧問のリースロ博士（ユダヤ人）を呼び寄せて協議し、中国幣制改革によるイギリスの対支経済政策、蒋介石政権支持を確認した。

『ユダヤ問題と日本の工作』の筆者犬塚きよ子の同書によると、

「中国幣制改革で、サッスーン財閥は所有銀貨千六百万元を国民政府に六割回収率で買い上げさせて六百四十万ドル（当時）の利益、さらにこの利益で蒋介石との合弁事業を創立した。

アメリカのマネー・トラスト社は国民政府の公債発行を保証し、その抵当として銀貨千二百万元（当時）を上海のナショナル銀行に保管させ、その銀貨で国民政府の有価証券を買収し、これをロンドンで売り出して巨利を占めた。

また、イギリスのユダヤ財閥は六割で回収した銀貨をサッスーン財閥を経てロンドンに取り寄せて売り、その利益をユダヤ財閥と蒋介石系の要人との間に山分けし、中国要人はロンドンのユダヤ系銀行に預金した」

と記している。

ユダヤ資本は、さらに上海を起点に、ビルマまでの中南支横断鉄道を建設し、インドシナから昆明、桂林、重慶へと援蒋物資を運んだ。この中南支横断鉄道建設には、ドイツのユダヤ資本も参加した。日本と同盟国のドイツからは、軍需物資が蒋介石へ提供されていた。

空疎なる自己満足感

ハルピンには河村愛三のほか、渡辺、山本、小野内など特務機関のスタッフがいた。ハルピンにいると、白系ロシア、ロシア帝国時代にハルピン建設のため送り込まれたロシア系ユダヤ人たちもいたが、樋口には今はソ連になったものの、旧ロシア人の間には「ロシア恢復《かいふく》の気配あり」と感じとっていた。

ソ連にかわってからも、旧ロシア以上の力を貯《たくわ》えるため、学校教育でも、「ロシアはこんな小さな日本に負けたのよ。だから日本に勝つため、みんな強くならないといけない」と、子供たちに共産党教育を叩き込んでいた。

だが日本の軍部、特に東京には、「ソ連はいずれ内部で崩壊する」と安易な考えを持つ者が多かった。ソ連駐在の大使や武官たちも、そうした考えであったため、東京に情報が入っていない。

樋口は回想録の中で、

「ソ連は人道に反する国家であるから、いずれは内部崩壊を来たすであろうという安俗な甘い感情を通じて、ソ連事情を観察した結果ではあるまいか。総じて私を含む日本人は、空疎なる自己満足感の上に世界を見た、と言わねばならないが」

と書いている。

「ハルピンにいる白系ロシア人、ソ連からきたユダヤ人たちがソ連政府を憎んでいる」という考え方は甘い。樋口も河村も石原も、ハルピンにいるだけで、彼らがソ連兵に向かって銃を向けるとは考えていなかった。いずれは連絡をとり、むしろ彼らを擁護してきた日本に銃口を向けるだろうと考える。

河村は満州にいるユダヤ人の中で、ドクターをしているカウフマンと何度か会い、ユダヤ人大会開催を打診されていた。河村はハルピンユダヤ会長のカウフマンと会っているうちに、上海ユダヤ人たちが満州に進出したがっていることや、上海のユダヤ人たちの間に、満州ユダヤ人が白系ロシア人に虐待を受け、日本軍は白系ロシア人を支持していると怒っている、との情報も耳にしていた。

「カウフマンは、極東ユダヤ人大会を開催してどうしようというのだね」

石原が聞くと、河村は、

「おそらく、関東軍と仲よくすることで、彼らの勢力を温存させようと図っている。この土地に、彼らの永住の地をつくろうと考えているようです」

すると樋口は、

「ここは、ユダヤ通の人物が必要だな。ハルピンから大連にいたるユダヤ人たちに、日満両国の国策の協力をとりつける必要がある」

と腕を組んだ。石原は、

「それなら安江がいる」

と、陸士で同期の安江仙弘の大連特務機関長起用を持ち出した。

これには樋口も同じ考えで、二人は意見が一致した。

「相変わらず背広姿だろうな。奴は軍服が嫌いだから」

「だろうな。お前もそうだったぞ」

二人は思わず笑った。同席していた河村も、つられて笑った。

安江の起用は、その後、樋口から東京の陸軍と参謀本部に提案された。しかし、最初のうちはユダヤ人対策など不要との考えが軍内部に強く、いい返事がもらえなかった。

樋口は、ハルピンの鶴見領事を呼び、ハルピンにおける白系ロシア人たちの行動を尋ねた。特にユダヤ人とのトラブルが多発している原因についてだった。領事館側は、

「ドイツやポーランドといったヨーロッパのユダヤ人の間では、新天地を求めております。ユダヤ人たちは、満州を開放しろ、とまで言えるようです。そのことも原因でしょう」

と分析していた。

極東ユダヤ人大会をハルピンで開催する意義が、河村にも樋口にも見えてきた。

「彼らは満州を東洋のジュネーブにしようということだろう。上海のユダヤ人、ヨーロッパのユダヤ人たちを、この満州に呼び、関東軍に依存しようという考えか。その良し悪しは、安江がきてからだ」

これまで、ハルピンユダヤ人会長のドクター・カウフマンは、日本軍の了解なしで大会を開催する意向を河村に打診していた。そのつど河村愛三は、

「それでは、外部の誤解を招くおそれがある。日満の政府は、正当の援助を与えるのもやぶさかでないから、公《おおやけ》に行動されたし」

とアドバイスしている。昭和十二年の春から持ち上がっていた極東ユダヤ人大会は、河村の助言で十二月下旬に延びた。

石原は、樋口と別れると、牡丹江へと発った。

牡丹江は五年前と変わりはしなかった。ソ連は着実に経済と軍事力を貯えてきているのに、関東軍は輸送手段は鉄道のみで、車がない。特にウラジオストックをにらむ牡丹江は、戦備不足もはなはだしかった。

第三章——大連特務機関

ユダヤ人に関する論文

陸海軍人や民間人のなかにユダヤ問題に関心を持つ者が多くなるのは、ロシア革命後である。

一九一七年（大正六年）の二月革命に引き続き、十月革命によって臨時政府を倒壊させた革命政府は、ソビエト政権を樹立した。第一次世界大戦の渦中に生まれたソビエト連邦は、やがて国際的地位を高め、第二次大戦後は世界第二の強国となる。

ソ連の脅威は、日本の陸軍指導者の間でも予測されたことだった。「ソ連恐るべし」の声は大きくなる。石原莞爾がその一人だった。

ロシア革命後、ユダヤ問題が日本のマスコミや思想界、軍人の間で取り上げられるようになった背景には、ロシア革命がトロツキーなど主として過激派のユダヤ人の指導者や革命資金がバックにあったからである。極端な例は、「ロシア革命はユダヤ人たちが仕掛けた」という噂まで広まった。ユダヤ研究第一人者の四王天《しおうてん》延孝は「ユダヤ恐怖説」の論者だが、ユダヤ仕掛け説である。

論文や単行本が発表されるのはロシア革命後で、「ユダヤ人論考」の筆者、宮澤正典によると、大正七年（一九一八）には、ユダヤ、イスラエル論文関係はまだ八件である。この中には内村鑑三の「基督再臨問題講演集」（岩波書店）や今井三郎の「露国革命の解剖」もある。そのほか、岡上三咲の「猶太《ユダヤ》教の現状」（新世界一月号）、志賀重昂の「猶太人の将来」（太陽）、有川治助の「猶太民族主義」（国家学会雑誌）もある。

その後もユダヤ人に関する論文は、日本の読者を惹《ひ》きつけた。大正十二年（一九二三）になると、雑誌「改造」や「三田史学会」などが取り上げるようになり、単行本発表の論文の件数は三十二件に及ぶ。

昭和に入ると、学者のほかに軍人が執筆するようになった。民間人、軍人の中でもっとも多く論文や単行本を書いた人に、酒井勝軍《かつとき》、山岡光太郎、包荒子、四王天延孝、満州亀太郎、安江仙弘、犬塚惟重、宇都宮希洋、朝比奈四郎らがいる。なかにはペン・ネームで書いた軍人もいた。

ちなみに、宮澤正典の「日本におけるユダヤ・イスラエル論議文献目録」（一九九〇年六月）によると、昭和三年（一九二八）はユダヤ関係論文は二十二件、四年は十七件、五年は十三件、六年は十六件、七年は七件、八年は二十二件、九年は十三件、十年は七件と数少ない。

ところが、昭和十一年（一九三六）に入ると四十二件と急増した。もっとも多い年は十二年で、雑誌発表、単行本合わせて百六十八件と、戦前戦後を通じてもっとも多い。二番目に多いのは十三年で、百三十五件、十四年は九十二件、十五年は五十九件。太平洋戦争に入る十六年は百十件、十七年は百十一件と漸次減っていく。

論文の題名も、大正時代は、北満州特務機関編集の「猶太研究」、徳富健次郎（蘇峰）の「日本から日本へ・東の巻」、鈴木錠之助の「新約時代における猶太人の社会生活」（史学）、柴田武福の「ユダヤ民族を検討する」、賀川豊彦の「聖地巡礼」、酒井勝軍の「猶太の七不思議」など、主として研究論文だった。

なかには酒井勝軍の「猶太民族の大陰謀」（大正十三年）や諏訪部一之輔の「世界の毒素、猶太民族の大陰謀と大和民族の警醒」といった、かなり喰い込んだ論文も見られる。ところが昭和に入ると、「危機」「陰謀」「恐るべし」「反日」「シオン運動」という題名が目立ちはじめる。

ひとつには、ロシア革命の真相が研究されたことが、過激的な表現になった原因である。研究者も、特務機関や学者の調査に刺激された。テーマも次第にロシア革命の指導者が、トロッキーなどユダヤ人であったことから、「次は日本に攻めてくる」とか「ユダヤ人恐るべし」といった、ユダヤ恐怖論にまで変わっていく。

ユダヤ人に関する論文が多い昭和十一年から十六年にかけての論文タイトルを見ると、十一年の論文には「恐るべきユダヤの国際的大秘密結社」（塩田盛道）、「ソ連の要路を占めるユダヤ人の極東攻略」（長谷川泰造）、「フリーメーソン秘密結社の概説」（宇都宮希洋）、「上海における猶太人の活動」（東亜編集部）、「ハルピンに於けるユダヤ人の活動」（山口亮）などがある。

この年、菊地寛の文藝春秋は初めてユダヤ人問題を取り上げ、「新聞のユダヤ化」（大森東馬）を掲載している。

昭和十二年（一九三七）になると、海軍の中でユダヤ問題に詳しく、また上海ユダヤ人たちの信頼も厚く、松井石根大将が上海の邦人救出のために二個師団で上海に出て行くときに、名指しで特務要員として起用しようとした犬塚惟重も、論文を発表している。

犬塚は、新年早々から「支那経済制覇を完成しつつある国際猶太財閥の活躍」を日本外交協会から出版した。時同じくして犬塚は、「支那事変を繞《めぐ》るユダヤ民族の動向」を「国際政治学会」で発表した。

一方、陸軍切ってのユダヤ通の安江仙弘も「革命運動を暴く——シオニズムの本源」（北斗書房）を出版し、ロシア革命の指導者の素顔にふれている。

安江仙弘と四王天延孝

安江仙弘《のりひろ》は、明治二十一年（一八八八）一月十二日、秋田市中谷北町十番で生まれた。十二歳で上京し、牛込区（現新宿区）の赤城小学校に転入した。明治三十四年（一九〇一）四月、本郷台にあった京華中学校に入学した彼は、幼年学校の受験準備に入る。

明治三十五年九月一日、安江は東京地方幼年学校に合格し、市ヶ谷台の校舎に入った。明治三十八年九月一日には中央幼年学校に進み、四十年六月に卒業。その後は士官候補生として、新潟新発田市の歩兵第十六連隊に配属された。同年十二月一日、陸軍士官学校に入学している。陸軍士官学校卒業は明治四十二年（一九〇九）五月二十日で、第二十一期生卒である。

この二十一期生のなかには、石原莞爾、飯沼守、樋口季一郎、飯村穣、横山臣平、菰田康一、戦後、侍従長や平安神宮宮司となる徳大寺実厚がいる。

安江は在学中に胸膜炎を病み、信州浅間温泉で療養した。その間もっぱら文学に親しんだ。この病気のため卒業が危ぶまれたが、当時の南部辰丙校長（中将）のお情けで、卒業している。三番めの成績で卒業した石原とは対照的だった。

明治四十二年十二月二十五日、念願の歩兵少尉に任命され、翌年の夏、連隊の全将兵整列の前で命課布達式が行なわれた。二十一歳だった。

安江はもともとスポーツ万能選手で、百メートルを十一秒で走っている。しかし胸膜炎になり、文字に親しむようになったことが、彼の人生を変えた。幼年学校の頃からロシア語を勉強していた彼は、片ときも参考書を離さなかった。そのうえバイオリンを弾《ひ》くなど、ムード派であった。芸者にやさしいため、もて過ぎて、東京まで追いかけられたこともある。

彼の一生を変えたのは、第一回委託学生として、東京外国語学校（現在の東京外大）に入学してロシア語科に編入したことである。

大正五年（一九一六）、上京した安江は、神田にあった外語学校に入学。そこで一番難解なロシア語に打ち込む。在学中、盲腸炎、腸閉塞と二度にわたる大病を患い、途中で休学したが、その後大正七年（一九一八）七月、日本が第一次世界大戦末期のシベリアへ出兵したことが、彼を大陸に惹《ひ》きつけることになる。日本はシベリアにいるチェコスロバキア軍を救済するために、連合軍として出兵している。

安江はこのとき東京外国語学校を卒業して中尉に昇進していた。ロシア語が堪能な彼は、急遽、第三師団（名古屋）司令部付となり、大正七年九月、単身で満州に渡る。

安江にとり、満州は二度目であった。最初は大正二年（一九一三）六月、新発田第十六連隊が満州の柳樹屯に駐屯したさい、渡満している。

今回、満州に入った彼は、まずロシア語のできる民間人を募集し、自ら試験官となった。受験した者の中に、のちに満鉄調査部ロシア班長となる小山猛夫がいた。

大正七年は、ロシア革命（大正六年三月）でレーニン政府が成立（十一月）した十ヵ月後のことである。安江は満州にいて、すでにロシア民衆が旧ロシアから離れてソビエト政権に移るさまを眼の前に見ている。当時のバイカル湖以東の極東ロシア領は日本軍の制圧下にあり、安江自身、この機をつかんで、ソビエト政権を倒したいと意気込んでいた。戦費十億円、戦死者三千人を出したシベリア出兵だったが、今に思うと、無意義な戦いであった。

このシベリア出兵には、のちの上海派遣軍司令官となる松井石根（第三師団）も出兵している。

やがて第三師団は大正八年（一九一九）九月、第五師団と交替して帰国するが、安江は独り、残留となる。彼に限らずロシア語に堪能な者はそのまま満州に残され、情報活動を続けさせられた。

安江がユダヤ問題に興味をもつきっかけは、ロシア革命にあった。帰国後の安江は、シベリアからユダヤ関係の資料を持ちかえると、ユダヤ問題の研究に取り組んだ。

同じ頃、ハルピン特務機関に勤務となった四王天延孝も、ユダヤ問題に取り組む。彼はフランス語、ドイツ語、英語、それにロシア語ができた。身分はシベリア派遣軍司令部付であるが、職務はハルピンの特務機関である。大正九年（一九二〇）三月、敦賀から乗船してウラジオストックに入り、大井成元司令官、稲垣三郎参謀長（中将）その他のところに行って挨拶し、軍参謀の一人に同行されて東支鉄道でハルピン入りした。

特務機関長は石塚将軍。ここでは支那係、ロシア係に分かれ、情報収集をしていた。四王天は若い幕僚の情報を取りまとめて日本の中央部、軍司令部へ提出する参謀長格の存在で、提出する前に石塚将軍の決裁を得たり、また、石塚の要望を若い幕僚に通達したりした。

その頃のハルピンには、共産党のほか反革命の帝政ロシア復古を画策するロシア人がいて騒然としている。なかでも反革命分子の暗躍、ユダヤ人で共産党員過激派、反過激派の殴り込みなどがあった。

反革命分子の中には、元極東総督のゴンダッチ、元東支鉄道長官のホルワット将軍がいて隠然たる勢力を持っていた。またハルピンでは、帝政復古派、共産過激派、その中間の社会主義を唱える社会革命派などがそれぞれの機関紙を発行して、敵対視していた。

左翼系の新聞で一番多く発行されている「ノーウォスチ・ジーズニ紙」は、主幹がクリオリンというユダヤ人であった。また極左共産の機関紙「フペリョード」は日本語で「前進」の意味だが、いつもユダヤ人のミールキン記者がハルピン特務機関の四王天のところに顔を出しては情報を収集している。四王天も逆に、彼からハルピンにいる極右、極左、旧帝制ロシア復古派の動きなどを探った。

また、ハルピンの特務機関の四王天を、ソ連籍の暗殺団が三名の朝鮮人を連れて暗殺する計画や、反共反ユダヤの将官ペトロフが訪問してきて、ハルピンの一万余名のユダヤ人がソ連の革命軍（復古派）と一戦をまじえることになるので、日本は静観してほしい、と要請されるなど、ハルピンは騒然としていた。

初めて見たエルサレム

安江仙弘は大正十年（一九二一）七月、参謀本部付となり、東京・新宿百人町に住まいを移した。翌十一年五月には、妻柿村喜美との間に長女の慶子が誕生した。大正十三年（一九二四）七月には長男で、のちに「大連特務機関と幻のユダヤ国家」を書く安江弘夫が生まれる。大正十五年には二男の信が生まれ、温かい家庭に恵まれた。

その安江に、陸軍省から欧州諸国視察の出張命令が出るのは、昭和二年（一九二七）十月である。安江に「ユダヤ研究」を兼ねた欧州視察命令が出されたきっかけは、安江のユダヤ問題の論文が陸軍大臣白川義則の眼にとまってのことだった。

一般に、海外視察は、外務省出向のかたちで、外務省から発令される。石原莞爾がジュネーブ会議に武官として出張したときも、一度、外務省に出向し、外務省職員の肩書きで出張している。が、安江の場合は、白川陸軍大臣の命令である。当時、安江は陸軍歩兵少佐で、近衛歩兵四連隊付だった。

スケジュールは、十月二十四日から翌昭和三年五月頃までの約六ヵ月間である。主な視察先はエルサレム、イスタンブール、パリ、イギリス、ドイツ、オーストリア、ポーランド、ベルギーなど欧州各国である。

軍人として、聖地エルサレムに入ってユダヤ人たちと接し、ユダヤ人の心を身をもって研究したのは、あとにも先にも安江しかいなかった。彼はシオン団巨頭のキッシュや、のちに首相となるベングリオンらユダヤ人のリーダーたちとも会談し、欧州視察ではユダヤ人と係わる人たち及び各国民の反応などを詳細に観察し、取材して、そのことを石原にも語っている。

大連特務機関長となる

昭和十二年（一九三七）八月は、参謀本部第一部長の石原莞爾が、暴走する上海事変で苦悩しているさなかである。東京水道橋駅前にある東京歯科医専の配属将校だった安江は、三宅坂の参謀本部にいる石原と会っていた。その頃から、聖地エルサレム視察のことなどを話しただろうと想像する。

四方八方に情報網を持つ石原は、細かく会談内容を書きとめる時間はなかった。石原の日記は、日付のところに人名を書きとどめるだけになっている。

昭和十二年八月、安江は名古屋の第三師団に転属となるが、彼にはヨーロッパの政情が気になって仕方がなかった。昭和八年（一九三三）一月に、ドイツではヒットラーが首相となり、ナチズムがドイツのみか、欧州一帯に拡がっていたからである。ヒットラーの首相就任以後、欧州のユダヤ人たちにとっては最悪の事態が予想され、不安な日々をすごすことになる。

ヒットラーが首相と大統領を兼任した昭和九年（一九三四）八月十九日の翌日。つまり八月二十日から二十三日の四日間、ジュネーブで第三回ユダヤ人大会が開催され、世界二十六ヵ国のユダヤ団体の代表者百名が出席して、ドイツボイコット、ソ連ユダヤ人問題、経済問題を論議した。昭和十年八月の世界ユダヤ人大会となると、ナチス・ドイツに対する警戒体制を強化するなど、欧州のユダヤ人たちの動きが活発化する。

日本でもユダヤ人に関する論文や出版物がつぎつぎに発表、出版された。昭和十二年八月に第三師団に大佐として配属されたとき、安江は満州のユダヤ対策を担当させられるだろうと、直感している。それが、石原ら参謀本部の考えであったことについては、安江もうすうすと感じとっていたが、事態は急を要するところまで、進展していた。

昭和十二年春頃には、ハルピンユダヤ人会長のドクター・カウフマンがハルピン特務機関を訪れて、極東ユダヤ人大会開催を準備していると打診している。

昭和十二年九月、石原に関東軍参謀副長の辞令が下る。左遷である。人事権は陸軍大臣にあるから、これは明らかに、石原追放、それも犬猿の仲である東条英機参謀長の下に追い込まれた。しかしこの人事が、安江を満州に呼び出す結果になるとは、何とも皮肉なものだった。

当時、満州でもハルピンを中心にユダヤ人の大会が計画され、手を焼いていた。石原は安江の起用を、ハルピン特務機関長の樋口に相談し、軍中央部に働きかけて実現させている。北満の特務機関長が樋口なら、南満の大連特務機関長に安江仙弘が決定される。大連は上海と北満の中間になる。上海ユダヤ人たちの動きが手にとるように分かる。それに安江は、海軍きってのユダヤ通である犬塚惟重とは、中東問題に関するブレーンの仲間でもあった。

犬塚は昭和五年（一九三〇）、パリ武官補から帰国後、鈴木貫太郎大将、山本英輔大将の副官を経て昭和九年に大佐に昇進し、軍令部第三部に勤務し、ユダヤ問題をまかされる。参謀本部の影佐禎昭《さだあき》課長の計らいで、政府内部に「回教ユダヤ問題研究調査委員会」が陸・海・外務の三省間で設置されると、犬塚は幹事（各省委員の局課員で構成）になり、ユダヤ問題で陸軍、外務省の幹事とも交わる仲になる。安江もスタッフの一人として、犬塚と相携え、ユダヤ対策の活動を開始している。

その意味では、安江大佐の大連特務機関長就任は、樋口にも石原にも、海軍の犬塚にも、もっとも歓迎された人事だった。

第四章――経済五ヵ年計画

満州国家は危うし

昭和十二年（一九三七）十二月二十日夜。安江仙弘はハルピンに向かうため、名古屋駅を発った。彼には「大連特務機関長」が内定していたが、このときのハルピン行きは、極東ユダヤ人大会に出席するためだった。

同行者は北支に向かう陸軍省の鈴木大佐、石川中佐、ハルピンに向かう元近衛四連隊にいた軍医の北川少佐の三人である。途中、鈴木、石川は、福岡から軍用機で北支に飛ぶため、下関で別れた。北川少佐も、用事があるといって下関で下り、別れる。安江一人が、下関発の連絡船に乗り込み、釜山に出た。

午後六時。釜山港に着いた安江は、六時五十五分発の急行「ひかり」に乗り込む。彼は車中で、一高の寮歌「嗚呼《ああ》玉杯に花うけて」の作詞家で、このときは正金銀行重役の矢野勘治と一緒になる。そのほか、北京正金銀行の中尾支配人、満州皇帝侍従の林出賢次郎らと知り合い、以後、懇意となる。新京まで、大陸の状況を話しながら、車中でその夜を過ごした。新京駅には翌二十二日の夜八時十分に着いた。関東軍司令部の長塚が車で出迎え、そのまま軍司令部前にある軍人会館に入る。

「外は零下二十度の寒さなり。只今二十三日朝。今より向いの軍司令部に行く」と、新京に着いた翌朝の日記に、心境を書き込んでいる。

石原は、この日どこにいたのか。昭和十二年十二月二十三日付の日記は空白である。この頃の石原は、東条参謀長以上の仕事に追われていた。

彼の満州各地視察は、雪の北満を中心に北から南へ、さらに東はソ連国境に近い東寧、西はハイラル、満州里と、前線を精力的に移動している。

参謀副長の任務は、後方支援であって、作戦ではない。作戦は参謀長の東条の仕事だった。が、東条の能力の限界を知り尽くしていた石原は、自分の足と眼で前線を確認して作戦を考えていた。東条には期待していなかったのだろう。

どういうわけか、十二月に入ると、石原の備忘録用のノートは一杯になり、横書きのスケジュールノートの日記に、備忘メモを書きとめるなど、状況把握に追われる。

そのせいか、十二月十七日から三十一日までの小さなポケットサイズの日記帳は、空白のままである。多忙だったのだろう。

もちろん、安江が新京にくることは知っていた。この日に会えたかどうか。安江のメモにもない。それとも故意に書かなかったのか。

安江は、まず軍司令官を訪ねて挨拶した。そのあと参謀長の東条、参謀副長の石原を訪ねるが、この日、石原と会えたかどうかは不明である。

樋口と石原と安江の三人が会ったのは、ハルピンの特務機関の本部であろう。同期の三人は久しく会っていなかった。それぞれが任務を持ち、顔を合わせる機会は少なかった。

樋口季一郎は、ハルピンにおけるユダヤ人の実態を安江に語る。

「ユダヤ人は必ずしも、ソ連政府への協力者とは言えないよ。彼らはむしろ英、米、仏国に眼が向いている。ただ日・独・伊の防共協定（十二年十一月六日）後、日本はヒットラーに好意的と見て、警戒しはじめている。そこで、このハルピンだ。ここなら、関東軍の庇護《ひご》のもとに、商売ができると言ってきておるようすだ」

「カウフマンは、極東大会を開催したがっているが、関東軍としては、これを手助けするのか、黙って見守るというのか。どっちだい」

安江は、関東軍のリードは、のちのちのことを考えると、良策とは思わなかった。そのことは石原も樋口も、同意見である。あえて関東軍が工作する必要はなかったからである。

「カウフマンは、当地のユダヤ人が自発的に活動するもので、ユダヤ人がこの地で生活できるようになるだけでいいからと言ってきている。日本としてはドイツとの協定があり、あえて積極策はとれまい」と樋口が言った。

「私がカウフマンと会い、関東軍と日本側の意向を伝え、確認しよう。日本側の工作ではなく、あくまでも、ユダヤ側の自主的な計画で、こちらとしては見守るということだな。石原はどうなんだ」

「立場上、会うわけにはいかん。おれがカウフマンと会ったら、何を言われるか分からんからな。ここは樋口と安江の出番だ。おれはそれどころではない。前線を歩いてみたが、なっとらん。ソ連が一歩踏み込んだだけで、この満州は死んじまうよ」

「また、それか」

「だいぶ、こちらにきてるな」

安江は右手で頭を叩いた。

「だいぶ、どころじゃない。満州はおれが考えていた方向とは、まったく逆を歩いている。これじゃ植民地だ。なんにもない。あのバカどもは分かっとらん。それより、二十六日からのユダヤ人大会には、樋口も出席するんだろう？」

「出ないといかんだろうな。おおよそ日満各地からの代表者二十人と一般参加者が五、六百名集まるらしい。もうこのハルピンの教会に集まってきているんだよ」

「あくまでも個人の資格でたのむよ。関東軍は表には出られないからな。いずれ、力を借りることになるがね。彼らは頭がいいから、この満州を預けちゃおうとも思っとる。どうだい？」

「なに？」

樋口も安江も、このときばかりは、唖然とした。

「売るのではなく、預けるわけか」

樋口は、真顔で訊《き》いた。

「ああ。ソ連の奴ら、びっくりするだろう」

「本気かい？」

「まあ、それもひとつかと思うのさ。この満州は、満州人のものなんだ。内地の資本、ユダヤ人の頭脳、商売上手な彼らの知恵を集める。日本の感覚など、なんにもならん。大本営をこの新京に移してもいいくらいだ」

「また石原の夢物語かい」

樋口は、それでいながら、大きく頷《うなず》いた。南京が陥落してまだ十日もたたない。予想外の戦況に、石原も樋口も、満州国家が危うくなるだろうと予想している。

三人とも、南京戦は、勝利とは思っていない。ますますソ連のコミンテルンから兵器と軍事顧問が送り込まれ、毛沢東や周恩来ら共産党の勢力が強くなる。アメリカもイギリスも、蔣介石に援助しているが、腹の中では領土割譲であるのは眼に見えていた。

南京には、漢口へ逃げた国民党の外人部隊であるソ連軍機が飛来しては襲撃していた。中支那方面軍は徐州作戦を考えていたが、参謀本部に反対され、作戦は中止されている。

この頃から、アメリカが日本への食糧、鉄の輸出を禁止するなど、経済封鎖に出てくると、石原は先を読んでいた。

最終戦争は日米戦になる。それには、経済封鎖されても、戦えるだけの資源を、南方ではなく、満州国で確保する必要がある。その話になると、樋口も安江も、聴き耳をたてた。

しかし、石原が新京に着いてから十二月二十日頃までの満州は、彼が描いていた満州ではなくなっていた。満州人や協和会は要職からはずされ、日本の官僚に牛耳られていた。前線の様子も、「東条は何をしていたんだ」と言いたいほど、規律も戦備も、たるんでいた。飛行機も軍専用トラックもない。

石原の国防国策大綱

満州の師団配置は、第二師団が吉林省に、第四師団はハルピン、第六師団は牡丹江である。のちに十月十二日、第六師団(熊本・谷寿夫師団長)は第十軍に編成され、杭州上陸作戦に出される。

ところがそれ以前から、ソ連国境、なかでもウラジオストックに近い満州東部の守備は、実に手薄どころか、ずさんなものだった。石原は前線を視察して呆れはてた。

ソ連との国境に隣接する省は北から三江省、東安省、牡丹江省、間島省である。十月二十一日、石原はウラジオストック、ナホトカに近い牡丹江に出かけ、各師団を集め、「東を守るための研究会」を行なっている。満州国がもっとも力を入れる「東の守り」である。

しかし、各師団の参謀を集めて作戦・研究するのは、参謀副長の仕事ではなく、東条参謀長の仕事である。前線に行ってみると、まったくなっていない。

「東条の奴、何しとったんか」と腹が立った。

「いいかい。冬は黒竜江は結氷するから、ソ連軍は北からバーッと渡河して攻めてくるんだ。

夏は東からくる。こっちから攻勢をかけなくちゃいかん。なんだ、今の輸送力は。各個師団をバーッと輸送する体勢になっていないではないか。歩いて行くつもりか？

それに、富錦には有力な人物を入れる必要がある。ハルピンには、ロシア人もおればロシア語を話す日本人もいる。満人もいる。こういう人を起用して情報をとるため富錦に入れる。もっと情報をとれ。敵の戦備は比較にならんぞ。

夏と冬の作戦も自《おの》ずと違ってくる。東の作戦を一括する東方軍司令部か方面軍を設ける必要がある。国境陣地には、要塞司令部を造るべきと思うが、とにかく陣地の守備はなっとらん」

前線の各師団参謀たちも、石原の考えに救われた気持になった。

輸送力は昭和六年（一九三一）、当時の満鉄副総裁松岡洋右を、なかば脅すようにして鉄道網の拡張を約束させていた。鉄道そのものの輸送力はなんとか間に合っている。食糧の輸送と関東軍用物資、兵員輸送も整っていた。

一例が満州東部で言えば、北朝鮮国境に近い鐘城と牡丹江駅を結ぶ鉄道、拉法からハルピンまでの鉄道、牡丹江から樺川までの鉄道、その途中の林口駅からソ連国境に近い東安、虎頭まで伸びている。

しかし、石原が参謀本部作戦課長のときに描いた構想とは大きくかけ離れたものになっていた。

ここで「対ソ連重視」を主張してきた石原の国防国策大綱及び陸軍軍備の充実計画を振り

かえってみる。

石原が参謀本部作戦課長についたのは昭和十年（一九三五）八月である。なぜこの時期に参謀本部第二課（作戦）長についたか、その背景を知ることで、昭和十二年十月の満州国に対する石原のスタンスが理解できる。

昭和八年（一九三三）六月、陸軍中央部は、昭和十年から十一年の世界的危機に備えるため、軍制改革を断行すべき必要性に迫られていた。

国防に対する根本方針を決定する必要を痛感していた当時の参謀本部第二部長の永田鉄山は、陸軍大臣以下、省の首脳会議で、「ソ連を仮想敵国とし、中国との問題をすみやかに処理して日満及び中国のブロックを固めてから国防の基本方針を決定すべきである」と主張した。

しかし、この方針に対する大方の考えは違った。

「現在の情勢において、力をもって中国を処理することは、ソ連のほかに有力な敵（米、英、中）を加えることになる。国力を消耗するのみか、世界を相手とする全面戦争に発展する恐れがあり、短期戦など望むべきことではない」との理由から反対した。

二回にわたる首脳者会議では、「飽くまで対ソ連防衛に重点を置く」ことで決着する。しかし、政府としては五回にわたる五相会議で、海軍は対米を主張、陸軍は対ソ連を主張し、国策に対する政府の検討は、当たらずさわらずに終わった。

また、昭和九年（一九三四）一月二十三日、荒木貞夫が病気を理由に陸軍大臣を辞任したこともあり、陸軍が主張した「対ソ防衛」の国防方針は立ち消えとなる。

極東ソ連の兵力及び施設の強化、シベリア鉄道輸送能力の増大、赤軍の編制装備の充実ぶりを知っていた石原は、危機感を覚えた。

満州を視察してみると、すでに彼らが造り上げた満州ではなかった。たった三年の間に、対ソ連戦備は立ち遅れ、いつソ連に攻められてもおかしくないほど、無防無策に近いものだった。

石原の思想は「最終戦争論」にまとめられているように、満州を満州人で育て、日・満両国と中国を中核とする東亜連盟の態勢を完成し、もってソ連の東方経路を断念させ、武力を使わずにソ連を屈服させ、最終的にはアメリカなどアングロサクソンとの最終戦争に臨むものである。

また、満州と朝鮮における戦備は、極東ソ連軍とのバランスを保ち、少なくとも八割内外の戦力を保有し、さらには航空兵力を強化して、スターリンのソ連軍が満州を侵攻できないようにする考えで一貫している。

だが、石原が参謀本部作戦課長に就任するや、海軍側は大正十二年に改訂されたままの国防方針、用兵綱領の改定を提案した。

これに対して石原は、「陳腐な用兵計画を手直しするよりも、抜本的な国防国策大綱の設定こそ重大事である」として、国防国策案の検討にとりかかった。

もっとも、石原の国防国策は「対ソ重視」である。だが、海軍側の対米重視の国策要綱と対立し、「有事に際しては機先を制する」など、不満足な国防方針となる。

骨子は、長期戦を考えた内容のもので、仮想敵国は米、ソ連、中国、英国とした。兵力は陸軍の五十個師団、航空は百四十中隊、海軍の主力艦十二隻、航空母艦十隻、巡洋艦二十八隻、水雷戦隊六隊、潜水艦七十隻、航空六十五隊を基準とする、というものである。

主として満州における「対ソ軍事力」の強化は、陸軍省などの承認を得て、昭和十二年ないし十三年から実行されることになる。この点、対ソ戦軍備は急を要することだけに、石原の不満な顔が想像できる。

石原はしかし、日本とソ連の兵備の差が甚大なことを知り、内地の兵力を北満に移し、日本とソ連の兵力バランスを保つ必要を感じ、航空兵力の強化を上官に提案して承認される。だが、政府も民間企業も、まったくその考えがないことを知ると、彼は満鉄に持ちかける。満鉄の経済調査会東京駐在員の宮崎正義を起用すると、「日満財政経済調査会」を発足させた。

この調査会は私的な機関で、宮崎は広く人材を求め、東大その他斯界《しかい》の専門家を集めて研究し、日満を一体として経済力を拡大する素案となる「兵備充実の基礎たるべき生産拡充計画第一案」を、昭和十一年（一九三六）六月に策定した。

この素案は、石原らの手を加えられ、昭和十一年八月中旬、「日満産業五ヵ年計画第一案」として生まれる。

その後、満州の産業開発は、政府と軍部で慎重に審議され、昭和十二年度から実施された。

日産自動車の満州進出、火力、水力発電所開発、松花江上流の巨大なダム建設、さらにはカーバイト、コークス開発の満州電化の官民共同での設立など、対ソ強化の産業基盤は、その第一歩を踏み出す。

ソ連軍と日本軍の兵力推移

一方のソ連の「経済五ヵ年計画」は、どのように達成されていたか。もちろん、調査力に富む石原は、ソ連経済、軍備拡張の動きはきっちりと把握していた。すでにスターリン政策は、みごとなほど成功している。

ソ連の「経済五ヵ年計画」は、第一次計画が一九二八年（昭和三年）十月に始まり、一九三二年（昭和七年）までである。正味四年二ヵ月だが、社会主義的工業化の遂行が実現された点では高く評価される。なかでも重工業が飛躍的に伸びた。

第二次計画は一九三三年（昭和八年）から三八年（昭和十三年）までである。この年は予想外の経済成長を見る。特に住宅建設、消費財がのびた。

しかし、一九三七年（昭和十二年）は、ドイツ、日本、中国、米、英といった国際状勢を考え、国防経済に切りかえ、国家予算のうち国防費の比率が拡大されている。

経済成長の中でも、計画達成率が高かったのは工業総生産の二・二倍がある。銑鉄は一九三二年の二・三五倍、鋼塊は一九三二年より千七百七十万トン増である。

野々村一雄の「ロシア・ソビエト体制」によると、機械製作費は計画目標の二〇七・二パーセントに対して二九二・四パーセントと目標を上回った。

また、自動車は第二次五ヵ年計画で八倍である。工作機械は、それまで輸入にたよっていたが、この計画で輸入を止めている。

一九三七年（昭和十二年）に生産されたものは、自立した工作機械で製作されたもので、ほとんど国内生産で間に合うどころか、トラクターやコンバイン収穫機といったものも増産された。

製鉄所も増設されている。

ただひとつ、広大な土地を持つソ連の課題は、輸送力である。第二次計画では、第一次計画より鉄道建設は三倍の金属が充当され、シベリア鉄道も含めて、ほぼ全線に行き渡る。あとは速度の問題だけである。

しかし、自動車を含め、速度など輸送力は、第三次計画の一九三八年（昭和十三年）から四二年（十七年）のメインとなった。

軍事力の面ではどうだったのか。在満鮮の日本軍と極東ソ連軍の兵力推移概見表（戦史叢書）を見ると、こうなる。（次頁表）

この比較数から見ても、極東ソ連軍と満州及び朝鮮の日本兵力の差は比較できないほどである。日本刀で戦車と戦うがごとき、貧弱な戦備である。

石原は「産業五ヵ年計画」のほかに、満州における軍需品の生産、満州国の独立能力を高めるなど「満州国に関する要望」を、昭和十一年（一九三六）六月二十日付で参謀総長に提

師団数	ソ連(コ師)	日本	(比率)
昭和　六年	六	三	五〇%
昭和　七年	八	六	七五%
昭和　八年	八	五	六三%
昭和　九年	一一	五	四五%
昭和一〇年	一四	五	三六%
昭和一一年	一六	五	三一%
昭和一二年	二〇	七	三五%
昭和一三年	二四	九	三八%
昭和一四年	三〇	一一	三七%
昭和一五年	三〇	一二	四〇%

飛行機数	ソ連（機）	日本	(比率)
昭和　七年	二〇〇機	一〇〇機	五〇%
昭和　八年	三五〇	一三〇	三七%
昭和　九年	五〇〇	一三〇	二六%
昭和一〇年	九五〇	二二〇	二三%
昭和一一年	一二〇〇	二三〇	一九%
昭和一二年	一五六〇	二五〇	一六%
昭和一三年	二〇〇〇	三四〇	一七%
昭和一四年	二五〇〇	五六〇	二二%
昭和一五年	二八〇〇	七二〇	二六%

戦車数	ソ連	日本	(比率)
昭和　七年	二五〇	五〇	二〇%
昭和　八年	三〇〇	一〇〇	三三%
昭和　九年	六五〇	一二〇	一八%
昭和一〇年	八五〇	一五〇	一八%
昭和一一年	一二〇〇	一五〇	一三%
昭和一二年	一五〇〇	一五〇	一〇%
昭和一三年	一九〇〇	一七〇	九%
昭和一四年	二二〇〇	二〇〇	九%
昭和一五年	二七〇〇	四五〇	一七%

案した。

この中では、対ソ連戦争準備のため、日・満・北支を範囲として、戦争持久に必要な産業の開発、北満に大量の日本からの開墾農民を移住させることも提案している。

満鉄改革の必要性

石原はまた、満鉄の松岡洋右に対して、日本企業の満州進出を働きかけた。松岡に限らず、三井鉱山の総帥、松方幸次郎、森コンツェルンの森矗昶《のぶてる》、日産コンツェルンの鮎川義介らにも、満州進出を働きかけた。

名目は「国防産業の推進の必要」である。それには、満鉄がもっている産業部門の切り離しなど、満鉄そのものの機構改革が必要だと説得する。満鉄がすべてを独占していては、内地の企業が進出できないからである。

松岡も、満鉄の改革の必要を感じていた。石原との席上、

「満鉄には人材が多い。一社員が理事なみの仕事をしている。理学博士も沢山いる。改革しなければ、満州は育たない」

と、五つの案を出している。

第一点は鉄道の一元的運営である。従来の社線、国線、北朝鮮線の多元的経営を改め、奉天に鉄道業務を総括する鉄道総局を新設し、一元的運営を計る。

第二点は産業部の新設。鉄道の国策的使命達成のためには、産業を振興する必要がある。

産業部を新設してこれに当たらしめる。
第三点は総裁直属の参与を設け、重役団のスタッフとブレーンにする。
第四点は監査役を新設する。
第五点は商事会社の新設。

松岡の満蒙の経済開発に呼応したのは、満州国産業部次長の岸信介、鉱工司長の椎名悦三郎、満州国総務長官の星野直樹、大蔵相の賀屋興宣である。

鮎川は松岡と同じ長州で、同じ年明治十三年（一八八〇）生まれである。東大工学部卒業後、芝浦製作所に入社するが、昭和二年（一九二七）、義弟の久原房之助（政治家）の久原鉱業に入って経営を引き受け、その名も日本産業と改名した。

これが日産コンツェルンの創始であり、持株会社である。日産コンツェルンは、その後、日立製作所、日産自動車、日本化学、日本油脂、日本水産、日本コロンビア、日本ビクター、日産ゴムなどを傘下におさめた。

昭和十一年（一九三六）当時、日産コンツェルンは三井、三菱、住友など旧財閥に迫るほどの巨大グループになっている。その鮎川が、石原と松岡に説得され、満州進出に踏み出す。

彼の考えは、あくまでも事業家としての展望で、「内地に本社を置いていてはダメである。本社を奉天に移す」と腹を決める。もちろん、満州に本社を移すには、それなりのメリットがあった。それは、関東軍の「満州で仕事をすれば課税しない」との約束があったからである。

このほか、国策による満州電業も誕生する。松花江の上流、吉林市より東に大型ダムが建設され、昭和十二年（一九三七）二月から電力供給が始まった。この電力供給により、日本ゴム（現ブリヂストン）、満州電化、満州合成ゴム、満州炭素工業などが発足する。なかでも日産の進出は、外車依存からの脱却として期待された。

石原の葛藤は続く

昭和十二年一月に入ると、「戦争準備のため帝国飛行機及び兵器工業を速かに満州へ推進せしむるための要望」を提出している。

その中で、年に三千機の飛行機をつくる必要などを強調していた。

石原の「満州国に関する要望」及び「戦争準備のため産業開発に関する要望」に基づく飛行機製造、兵器工業案は、次のとおりである。

一、戦争指導上の必要と満州国の経済的価値とに照応し、速やかに帝国の飛行機及び兵器工業を満州に推進し、急速に帝国の大陸戦備を促進する。

これがため、軍はまず現存飛行機工業及び兵器工業として帝国本土に於ては現能力を最高度に発揮せしむるに努め、その将来計画、拡張（新設を含む）を要する部分は、努めてこれを満州（朝鮮を含む）に施設せしむる如く指導す。

二、昭和十六年までに実現せしむべき満州に於ける最小限度の戦時生産能力は左の如し。

○飛行機工業／年製三千機（新造は軽爆・偵察及び戦闘機を主とする）。
○兵器工業／現在造兵廠の約二分の一。
○戦車／特種自動車工業、年製三千輌。
○火薬工業／概《おお》ね現在の岩鼻、宇治程度。

この要望書を提出した七日後には、緊急要望として「満州（朝鮮を含む）に陸軍用飛行機製作所を施設するの必要に就《つい》て」を提出している。この要望書の冒頭で石原は、「陸軍機製作力の主力を満州に施設することは作戦上絶対的の要求なり」と強調している。短い文章だが、石原の強い姿勢が窺《うかが》える。

「而《しか》して今次の軍備充実案による急速整備のため、現在工場の其の程度の拡張は、已《や》むをえざるところなるも、将来更に今次航空の充実に引き続き大拡張を要するは四囲の状勢に鑑《かんが》み必然なり。これに加え数年後には我が航空機製作技術をして、世界の水準を突破せしむべきを以て、我が航空機の海外輸出に十二分に可能性ありと謂《い》うを得べし。

以上の如きを以て、作戦上の要求と我が飛行機工業の将来とに鑑み、将来新設すべきものは努めてこれを満州に施設せしむる如く指導するを要す」

石原は、対ソ連戦に航空機の拡充を急いでいる。この要望は、のちに中島飛行機の満州進出で実現されるが、製造数は大きく遅れていた。極東のソ連機の三割にも満たない。

「対ソ戦争指導計画大綱」の提出は、作戦課長就任一年後の昭和十一年八月であったが、この中で石原は、「第四部、統帥部の任務」の中で「陸軍は航空部隊を活動して、敵国（ソ連）屈伏の根拠を確立する」と、航空機による作戦を打ち出した。

海軍においても、「アメリカに対して、いつでも開戦しうる態勢を保持する」と、「対アメリカ戦」への準備を強調している。

なお、ソ連との戦争になり、アメリカが敵国（ソ連）に参加した場合は、陸軍は海軍と協力して短期間でフィリピン及びグアムを占領する、と提案している。のちに真珠湾攻撃のとき、ルーズベルト及びアメリカ海軍は、「日本軍は真珠湾でなくグアムとフィリピン」に奇襲する（ルーズベルトの宣戦演説原稿）と決めていたのは、この石原の案を信じていたからだろうか。

石原は、この「対ソ戦争指導計画大綱」の中で、戦争の目的は「東亜平和確立のため、日満両国に対するソ連の武力の脅威を排除する」にあった。つまり、戦わずして最小限度の講和条件に持ち込む狙いであった。条件としてソ連に対して、沿海州（ウスリー河黒竜江右岸地区）、北樺太を割譲させること及び大蒙古国の建設を認めさせることにしている。

万一、英、米がソ連側に立って参戦した場合、

㈠アメリカに対しては、フィリピンの完全独立を認めさせる。

㈡イギリスに対しては香港ならびに租界を中国に返還させる。

㈢中国に対しては大蒙古国の建設を認めさせる。

とある。

石原の満州国建設は、軍にかわり、満州人と日本民間人とがつくる協和会が中心となって、政治、経済、治安を協議することを決めている。彼の考えでは協和会の会長には満州人を当てていたが、昭和十二年に再度、満州に来てみると、協和会は解体寸前であった。

石原は協和会の組織を強めるため、甘粕、山口重次らと話した結果、本庄繁を会長にし、国務総理を兼任させる案を出した。が、これは石原が東条や植田軍司令官に、ケツをまくって満州を去る昭和十三年八月のことである。

石原の、なんとしてでも、当初昭和七年の満州建国に戻したい執念が窺《うかが》える。その間の石原の葛藤は続く。

昭和十二年十一月七日の備忘帳には、「対ソ謀綱を建て直すこと」、十二日の備忘帳には、「戦績良好のもの。篠原少将、奈良、鈴木、酒井はクビ。四師団の原砲兵中佐、呼びかえすこと。井本の件（注・作戦課長をしていた）、神田正種（注・戦略論の大家、陸大の教官）、前田利為、武部、宮野正年、赤松少佐（注・東条の秘書官）」とあり、また「種村に出すこと。阿部を出すこと、憲兵の補充の件、金井（注・ほしい？）。十一個師団の理由、井本に話した。多田参謀次長によろしく言ってくれ（注・十一個師団に増やしたいわけを、井本作戦課長を通じて参謀本部の多田駿次長に申請している。早くも人事着手である）」とある。

飛行隊の件では、「飛行団を四つに中隊を十三にし、九つの飛行場に中隊十六個隊を置く」「重爆十個中隊をチチハルに、軽爆十六個中隊を牡丹江に、改編命令す」とある。

戦史研究家の犬飼總一郎氏は、

「これはすごい。石原さんは新しく飛行隊をつくろうとしている。満州はゼロだった。満州事変後、飛行学校、学校訓練をやった。長春の西と南に大きな飛行場をつくってハルピン偵察隊をつくったが、十二年当時、石原さんは東と西に飛行団をつくろうとしていたんですね。これは東条さんがやる仕事なんですよ」

と、腕を組んだ。

第四部　夢駆ける

第一章――北満ユダヤ国家構想

極東ユダヤ人大会

ハルピンの冬は、零下三十度まで下がる。街は凍結し、人の吐く息は白い棒状に凍結する。昭和十二年（一九三七）十二月二十六日から二十八日までの三日間、北満では二つの大きな催しが行なわれた。そのひとつが、第一回の極東ユダヤ人大会である。もうひとつは、日産グループ総帥、鮎川義介の満州重工業創立パーティーである。

極東ユダヤ人大会はハルピンの商業クラブとシナゴーグ（ユダヤ教会堂）で行なわれた。参加者は神戸や上海、満州各地の代表者二十一名のほか一般参加者七百名が集まった。監視役の日本側は樋口季一郎ハルピン特務機関長、陸士同期の安江仙弘大佐、濱江省の結城清太郎、憲兵隊特高課長の河村愛三、ハルピン領事館の谷口副領事、濱江省警務庁特務課長の薄井友治、特務機関員の小野打寛少佐が来賓として出席した。

なお海軍側も、犬塚惟重大佐を送り込んで傍聴させている。犬塚は翌十三年（一九三八）

二月十七日に「所見」を軍令部に報告した。彼の報告では、「当面の目的は充分に達せられたが、上海、香港ユダヤ人代表を逸したるは点睛を欠いた」と冷やかである。

関東軍は、開催以前に樋口や領事官、石原莞爾を混じえて参謀会議で対策を協議した。この結果を東条英機参謀長は軍務局長宛に電報で知らせた。外務省の東亜局第二課の山路が電文を訳した「東条電報」によると、関東軍は左の五項目を報告している。東条以下関東軍の決意のほどが窺《うかが》える。

「ユダヤ人大会指導方針左の如し。

一、極東の各「ルーフル」大会参集者の入国に関し便宜《よろ》しく。

二、大会に於て日満側に対し感謝協力を決議せしむ。ドイツ、イタリアに対し反感的言動を禁止す。

三、宣伝は左記の方針に依る。

イ、対内的には微温的に事実のみ報道せしむ。

ロ、極東ユダヤ人機関紙には大会の対日満政局者の情報等、掲載せしむる様指導す。

ハ、対米宣伝は「ユダヤ」人協会をして米国その他の「ユダヤ」人機関及び「ユダヤ」人新聞に対し、即時詳細なる電報通信せしむ。

四、右指導は極秘にハルピン特務機関長統制実施す。

五、国外より参集者は会議終了後速かに国外、帰国せしむ」

最後の一行には、「大連特務機関、哈市（注・ハルピン）機関スミ」とある。

問題は、日本側、満州側から誰が出席するか、人選に苦悩した。通訳を兼ねるハルピンの谷口副領事はいいとしても、樋口と安江仙弘大佐の出席は公式的なものになるかならないかで、ドイツやイタリアの受けとめ方も変わってくる。

この間のやりとりを知るものに、ハルピン総領事鶴見憲と広田弘毅外務大臣との電報がある。

鶴見総領事は昭和十二年十二月二十一日付で、広田外務大臣に、次の三件（要旨）で指示を仰いだ。

「第一点は、今後ユダヤ人は日本に頼らないわけにはいかないとの方針を決議し、実現を計る準備を進めていること。

第二点は、祝辞を樋口特務機関長が『ユダヤ人の平和的な経済活動は日本側も援助する』と述べる予定であること。

第三点は、ユダヤ人を排斥しているドイツと、日本は防共協定を結んでいることを考えると、本官（鶴見総領事）が祝事を述べるのは、ドイツ側に対し微妙な問題の起こる恐れがあるか。満州全国各地で、経済的に有力な地位を占めるユダヤ人を指導する上で、祝辞を与えることは当然とも考えられる。この件、差し支えないか」

鶴見総領事への広田外務大臣の指示命令の返電は、関東軍司令官であり、満州国大使でもある植田謙吉経由で翌二十二日に届いた。返電の内容は、「ドイツ側とのあいだに微妙な関係があるので、ユダヤ人大会には、日本は表向き関係ないという建て前で、単に出席する程度にしておくこと」であった。

日本とドイツ、イタリアの三国が防共協定を結んだのは五十日前の十一月六日である。ドイツへの配慮に、日本政府は苦悩するが、現地の鶴見の立場は違った。河村からも、「祝辞を述べるつもりか」と、暗に勧められている。

樋口特務機関長はハルピンの鶴見を呼び、安江同席の上、その件で協議した。鶴見は広田外相からの返事を披露。二人は、「人道上の問題であるから、樋口のみが祝事をのべる」ことで意見の一致を見ている。

樋口は、ドイツを追われたユダヤ人がポーランドに流れ込み、今では三百五十万人のユダヤ人がいることを知っている。彼にはアメリカへ脱出したアインシュタインのようなユダヤ人の科学者、富豪らを満州に入国させて、受け入れたい気持ちがあった。

のちに、満州へ入国したユダヤ人の中に、フランクフルト人造ゴム製造技師や有望な科学者がいたのを知り、日本のゴム製造会社と採用をめぐって交渉している。しかし、給料の面で折り合わず、有能な人造ゴム技師たちは、上海経由でアメリカに渡って行った。そのことを、樋口は無念に思った。

鶴見総領事は、結局、日本代表者として出席せず、傍聴者として立ち会っている。

樋口は鶴見と会ったあと、祝辞の内容について安江に相談した。樋口自身ベルリン滞在経験があり、何万人というユダヤの富豪たちがポーランドへ、さらに当時のロシアへと追い出されたいきさつを知っている。彼とて、祝辞の草稿が書けないわけではなかったが、樋口はユダヤ通の安江に、草稿を頼んだ。

樋口の祝辞は四百字詰原稿用紙で六枚ほどの長文である。しかもガリ版印刷。「本日、ハルピン、ハイラル、奉天、神戸各重要都市のユダヤ人民会代表者」で始まる祝辞の要旨は、次のようになる。

「我等の認識では猶太《ユダヤ》民族は諸事研究心に富み、極めて勤勉であり、特に経済的乃至《ないし》社会的方面において偉大なる能力を有し、且《かつ》科学的分野に於て世界的貢献を致したと信ずるものであります。

さて、歴史的に猶太民族に対し何等恩怨無き我等日本人の眼には斯《か》くの如く猶太民族の長点がより明瞭に映りますが、欧州の若干国に於《おい》ては可成《かなり》重大なる猶太問題を発見するのでありまして、彼等の指摘する猶太民族に対する難点は物質主義であり、国際主義的乃至社会主義的であり、また非同化的である、となすのであります。

然《しか》し乍《なが》ら、私はそれが仮に事実なりとするも、夫等《それら》は猶太民族が数千年の久しきに亙《わた》って国家を失い、各民族間に無限の苦悶を続けまわることより発せる後天的現象であって、先天的性質を有するものとしては宗教的影響乃至強き民族主義に基づく非同化性であると信ずるものであります。

我等日本民族も亦《また》、非同化性の理由によって、在外移民として従来、往々非難を受け来ったのであります。（注・アメリカ移民のことか）此の点は、日猶両民族共に一応の反省を要するものと考えます。

従って、若《も》し猶太民族の強き民族精神が完全なる祖国復興に依りて満足せらるるか、然らずんば各民族間に於て猶太民族が客分として、主として経済的乃至科学的分野に於て其の天分を発揮する如く、自他共に反省、考慮するとせんか、世界に於て、所謂《いわゆる》猶太問題なるものが容易に解決するであろう事を信ぜんとするものであります」

藁《わら》にもすがりたいユダヤ人たちの心情をつかんだこの祝辞を聞いた出席者たちは、感激の余りに、割れんばかりの拍手を送った。なかには涙を流すものもいた。

ユダヤ人を歓喜させた演説

樋口の祝辞は、世界中のメディアに流れた。広田外相は昭和十三年（一九三八）二月四日、北米の斎藤大使、ドイツの東郷大使に反響を問い合わせた。ユダヤ人問題では神経をとがらせている国からは、すぐに、リアクションがあった。

ワシントンの斎藤駐米大使は、「米国の猶太人社会に良い影響をもたらし、米国の対日感情に益する所あり」と喜んでいる。

ドイツはどうであったか。東郷駐独大使（東条内閣の外相）は、ドイツの宣伝相ゲッベルスを訪ねて面談している。その席でゲッベルスは東郷に、「日本に不利な記事は一切掲載させぬよう命令していた」と述べている。

東郷からの報告では、「日独国交に鑑《かんが》み、本件報道及び記事を差し止めたるものと認めらる」との報告が入った。

ドイツの新聞は言論が統制されていて、事前に樋口の祝辞の内容も、いくらか漏れていて、ドイツ政府が先手を打ったものだろうと想像する。

三百三十万人のユダヤ人を抱えるポーランド人は、どう受け止めたのか。安江弘夫氏の『大連特務機関と幻のユダヤ国家』によれば、「酒匂駐ポーランド大使はユダヤ人経営のポーランド語新聞『ノーウイグロス』に『猶太社会と日本人』と題する論評が載ったことを伝えている」と、論評の主旨をこう書いている。

「思うに、猶太勢力の及ばざる処なく、苟《から》くも猶太新聞記者の筆を執る処、必ずや日本の支那侵略、聯盟破壊、ファッショ伝播を攻撃せざるはなく、右事実を賢明なる日本人は知らざる筈《はず》なし。恐らく右（樋口少将の祝辞）は単なる追従か、然らずんば今日の大をなせる例の日本人の奸智のいたす所なるべし」

一方、日本国内ではどうだったか。ユダヤ問題研究家で「恐ユダヤ」の四王天延孝（中将）ら十名が集まり、樋口発言で意見を交換している。

また、ユダヤ人とは氷炭相容《い》れぬ仲である回教徒の東京の団長クルバンガリーのアレルギー反応は極端である。昭和十三年一月十二日、安倍源基警視総監は、「極東猶太民族大会開催に関する東京回教団長の言動」を末次内相に報告している。概略はつぎのようだった。

「今や世界は持つ国と持たざる国に分かれる。換言すれば猶太人と反猶太人との闘争であり、英、米、仏、露（注・ソ連）の猶太支配に対し、日独伊が防共協定を締結して之に対抗している。全世界の回教徒は計三億人で、回教徒と猶太人とは昔から氷炭相容れざる関係にある。

特に最近はエルサレムでの回教徒対猶太人の闘争問題ありて、全回教は反猶太、反英の思想を、根強く植え付けられている。

樋口少将の祝辞は、個人の資格において為したものと思う。日本の陸軍が公式に同氏の列席を許したものではないと信じている。然し、あのように新聞に大々的に載れば、第三者側より誤解を招くところがある」

これは、六十六年前の昭和十二年暮れのことである。中近東は今日と変わらぬ状況といえる。

第一回の極東ユダヤ人大会が終わった翌年、樋口は、一月十五日夕方五時に謝恩会を開催するので出席してほしいと、カウフマン会長に誘われた。のちに『ユダヤの難民二万を救う』（軍司令官の回想録）の中で、こう書いている。

「この事があってから（極東大会）半月も経った頃、在ハルピンユダヤ人が私に対する謝恩の大会を開きたいと言って来た。ユダヤ人は、彼ら流民を満州に入れたのは、私の指図によると信じたようである。それは否定せぬ。だが私はそれこそ『方面指導』であったに過ぎないのであった。しかし、事態は私を『表面』に出した限り、何も逃げ隠れする必要もない。私はその大会に出席を約した」

謝恩大会の会場は、ユダヤ人が経営するホテル・モデルンである。カウフマンとチックマンは、拍手をもって恩人樋口を招待した。

この頃、安江は一度日本に帰り、名古屋で家族と一緒に正月をすごし、大連特務機関長任

務の準備にとりかかっている。そして、つぎの要旨をまとめている。（安江弘夫「大連特務機関と幻のユダヤ国家」より）

「昨年ハルピンで開催された極東ユダヤ人大会は、厳粛に反共反ソ闘争を宣言し、日満両国の保護に感謝すると共に、彼らもまた両国に貢献することを決議した。関東軍としては更《さら》に北・南支那ユダヤ人に指導の手を延べ、ついでこれを全世界にまで及ぼすことが理想である。日本依存を求めている今が、ユダヤ工作の絶好のチャンスであり、ドイツのような方法を採るべきではないことは明らかである。

日本の八紘一宇、満州の諸民族協和の精神から考えても、排撃方針は取るべきではない。もし彼らに、極東こそは永久安住の地であると了解させれば、このことは全世界のユダヤ人に伝わり、たとえば米国ユダヤ人の排日ボイコットなどは、速やかに緩和されるであろう」

この「現下に於ける対猶太民族施策要領」が関東軍によって定められるのは、昭和十三年一月二十一日付である。素案づくりは安江仙弘、施策は石原莞爾と言われている。

樋口がユダヤ人による謝恩会に招かれた六日後のことだった。

樋口が「逃げも隠れもしない」と腹をくってホテル・モデルンに出かけ演説をぶったことを、安江が知るのは後日である。

樋口は、自分で草稿を書いた。草稿を書くにあたり、樋口は防共協定を結んでいるドイツに配慮した。内容も、ドイツのリアクションを軽減したつもりだった。しかし、当日になって演説したとき、「つい油がのり過ぎて間接にドイツの追放（ユダヤ人）を難詰する口調に移った」と樋口は後述している。

当時、樋口が演説した要旨はこうだった。

「諸君。ユダヤ人諸君は、お気の毒にも世界何《いず》れの場所においても『祖国の土』を持たぬ。如何に無能なる少数民族も、いやしくも民族たる限り、何ほどかの土を持っている。ユダヤ人は、その科学、学術、産業の分野において他の如何なる民族に比し、劣ることなき才能と天分を持っていることは歴史がそれを立証している。然るに文明の花、文化の香り高かるべき二十世紀の今日、世界の一隅においてキシネフのポグロムが行なわれ、ユダヤに対する追及又は追放を見つつあることは、人道主義の名において、また人類の一人として私は衷心悲しむものである。

ある一国は、好ましからざる分子として、法律上同胞であるべき人々を追放するという。これを何処へ追放せんとするか。追放せんとするならば、その行先を明示し、あらかじめそれを準備せんとすべきである。当然の処置を講ぜずしての追放は、刃を加えざる虐殺に等しい。私は個人として、心からかかる行為をにくむ。ユダヤ追放の前に、彼らに土地、すなわち祖国を与えよ」

短いが熱のこもった演説である。草稿から脱線した樋口の演説は、人道上からはもっとものことであり、集まったユダヤ人たちを歓喜させた。

「全堂割れんばかりであった」と、樋口季一郎特務機関長は、『二万人のユダヤ人を救う』の中で書いている。

ここに言う「ある一国」とは、ドイツのことであることは言うまでもない。もっとも、ドイツ側からのリアクションは予想していた。相当の、強硬な圧力をかけてくるだろうと覚悟していた。やはり、というべきか。この日から二週間たったある日、ドイツ政府が動く。ドイツ政府は、東京駐在のオットー大使を通じて抗議してきた。

武官から駐日大使に抜擢《ばってき》されたオットーは、ソ連のスパイ、リヒァルト・ゾルゲを、それと知らずに私設情報官に起用した間抜け大使である。日独の様子、たとえば日独防共協定が昭和十一年十一月二十四日に成立する内容を、ゾルゲは事前につかみ、モスクワのコミンテルンへ暗号電文で通報している。オットー大使から漏れたとしか考えられない。ゾルゲはドイツ大使館にいて、日本の動きを逐一、ソ連にスパイしていた。

ゾルゲに日本の動きを漏らしていたオットー大使からの抗議は、外務省から新京の植田謙吉軍司令官（大使）を通じて、東条英機関東軍参謀長に渡る。概要は、樋口季一郎によると、「今や日独の国交はいよいよ親善を加え、両民族の握手提携、日に濃厚を加えつつあるは欣快とするところである。然るに聞くところによれば、ハルピンにおいて日本陸軍の某少将（注・樋口）が、ドイツの国策を批判し、誹謗しつつありと。もし然りとせば、日独国交に及ぼす影響少なからんと信ず。請う、速かに善処ありたし」という内容だった。

この抗議文のコピーは、陸軍省から直接、樋口のところにも送られてきた。

樋口は、この外務省から陸軍省、陸軍省から樋口あてに送りつけられた抗議文のコピーを手にして、「だから、どうしろと言うのか」と立腹した。これには、樋口らしいスタンスがある。それは、日露戦争末期におけるアメリカユダヤの対日協力が思い起こされたからだった。

「いつか必ずユダヤ人との交流のあるべきを予察し、いささかその道をつけ置くを必要と考えたものであり、これを極東において対ユダヤ関係の緊密化を希望したのであった」と自伝に書き残している。

樋口は東条に呼ばれたとき、オットー大使の抗議文について、こう主張している。また、このときの東条の態度は立派で、評価できる。東条は樋口の主張に同意し、樋口の意見を陸軍省に申し送っている。

樋口が東条の前で主張した内容は、つぎのとおりだった。

「私はドイツの国策が、自国内部に留まる限り、何ら批判せぬであろう。またすることは失当である。しかし、自国の問題を自国のみで解決し得ず、他国に迷惑を及ぼす場合は、当然迷惑を受けた国家または国民の批判の対象となるべきである。もしドイツの国策なるものが、オトポール（注・満州国境外のソ連領）において被追放ユダヤ民族を進退両難に陥れることにあったとすれば、それは恐るべき人道上の敵ともいうべき国策である。そして日満両国が、かかる非人道的ドイツ国策に協力すべきものであるとすれば、これまた驚くべき問題である。

私は日独間の国交の親善を希望するが、日本はドイツの属国でなく、満州国また日本の属国にあらずを信ずるが故に、私の私的忠告による満州国外交の正当なる働きに関連し、私を追及するドイツ、日本陸軍省の態度に大なる疑問を持つものである」

このことがあってから、ユダヤ問題が重大化した。樋口は安江仙弘大佐を大連特務機関長に起用するよう、上司に進言した。ユダヤ通の安江に、今後のユダヤ対策をまかせようというものである。

樋口が参謀本部第二部長になるのは、昭和十三年十二月の定期異動である。彼が第二部長になった頃のことだが、イギリス大使、ルーマニア大使、イタリア大使、そしてドイツのオットー大使が接近してきた。

樋口は、オットー駐日ドイツ大使に、満州のユダヤ人問題で抗議文を出してきたことに触れて、ドイツ語で詰問した。するとオットーは、「私の関知したところではない」と平然とした態度をとった。ソ連のスパイ、ゾルゲに情報をとられているとは、まだ知らない。

新京のヤマトホテルでは

昭和十三年（一九三八）一月の元日を名古屋ですごした安江仙弘が、大連特務機関長として日本を発つのは一月中旬である。安江は石原や東条とも会い、ユダヤ対策を協議している。

安江は石原に、ユダヤ人も一族に加えてはどうかと提案し、同調を得る。日本人、満州人、漢人、朝鮮人、蒙古人、そしてユダヤ人の六族協和である。

安江の素案を基に関東軍は、昭和十三年一月二十一日付で「現下に於ける対猶太民族施策要領」をまとめている。

素案を作る段階でのことであった。石原は、外資導入について反対したのである。理由は、満州に進出した日産コンツェルンの鮎川義介の満州重工業株式会社に起因した。

ハルピンで第一回極東ユダヤ人大会が行なわれていた十二月二十七日、新京のヤマトホテルの大食堂では、満州重工業設立パーティーが行なわれた。満州重工業は通称「満業」と呼ばれ、前身は日本産業株式会社（日産）である。昭和十二年十二月一日、満州における治外法権が撤廃されると、付属地の行政権も満州国に帰属する。満州にある法人は、そのまま満州国の法人となる。

日産は法人解散とか設立とかの手続きを経ずに、そのまま満州国の法人となった。社名も満州重工業株式会社とし、満州国政府は満州重工業株式会社法を制定して特殊会社とした。

十二月二十七日が、満州重工業の正式な設立日となる。鮎川は関係者二百名をヤマトホテルの大食堂に招待して一席ぶった。招待された要人は、参謀長の東条英機、国務総理大臣の張景恵、総務長官の星野直樹、産業部次長の岸信介、その他実業家、報道関係者である。ここには、石原の姿はない。

デザートコースに入った頃である。鮎川は名演説をぶった。

「日本は明治維新以来五十年間に近代産業を興《おこ》した。しかし、日本人は手先が器用であるから、アメリカ人が機械を使うところを、日本人は手先に頼る。すなわち、手先の器用さで工作過程を処理する。そのことが、かえって機械工業の発達を遅らせた。

私は本年五十七歳である。今から十年間働ける。そこで日本が五十年間かかって成しとげた工業の開発を、否それ以上のものを、この国において十年間に成しとげてしまうつもりである。そのためには、日本の技術や機械も輸入するが、それだけでは足りない。海外から技術と機械とを導入し、大規模に、しかも急速にこれからの開発を行なうつもりでいる。（中略）

人力の供給は、四千万人の住民にあおぐ。（中略）満州の地中に埋もれているこの豊富な資源と、日本及び海外から輸入する近代産業の技術と四千万人を超える人力をもってすれば、今後十年にして、満州国の産業は日本を凌駕するに至るものと確信する」（武藤富男「私と満州国」より）

鮎川はその席上、日本からの土産を披露した。それは日産の株を売って儲《もう》けた金六百万円を、東辺道貧民乳児救済資金に三百万円、満州軍人遺家族子弟教育基金として二百万円、満州会に百万円を寄付する、というものである。

また、外資導入による満州重工業の開発をも語った。鮎川の外資導入とは、満州にある個々の資源開発会社の上に、これを統括する大会社をつくり、これに全資源、全企業を集め、その資源全体を担保に入れて外資を導入し、得た資金で総体の開発と建設を進めて行くというものである。つまり、満州の資源と会社をアメリカに質入れして投資させる、というものである。

鮎川は、星野直樹にこう語っている。

「満州の重工業開発には、アメリカの機械を入れなくてはいけない。これには大金がいる。そのためにはアメリカ資本を思い切って入れる必要がある。満州の開発には、これを眼目としなければいけない。それには担保がいる。その担保は満州国の資源より他にない」

すでに、帝国ホテルの事務所で満州進出に取りかかっていると、アメリカのメーカーや日本商社の代表がきては機械を売り込んだ。なかにはアメリカの詐欺師までがひと儲《もう》けしようと、鮎川を訪ねていた。

しかし、鮎川の日産グループの満州進出に反対した者もいる。元イギリス大使の本多熊太郎と、満州炭鉱社長の河本大作である。河本は張作霖爆死事件後、昭和七年に満鉄の理事、昭和十一年十月に満州炭鉱の社長になっていた。

満州炭鉱は、撫順鉱を除いた全満州の炭鉱を運営している大会社である。河本は、「満炭は国策会社として全満州の石炭開発を引き受けている。全員汗みどろになって働いている。それなのに、今さら満業（満州重工）の進出により、鮎川氏の傘下におくのはおかしい。満炭は満業からはずしてほしい」と反対した。

しかし、鮎川から相談を受けた東条がなかに入った。石原も呼ばれたが、石原は出て行かなかった。そのうちに武藤富男の案で、武部総務庁長官を通じて、河本を辞任に追い込んだ。一介の総務庁法制処参事官の考えが、満州炭鉱社長河本大作の首を切るという事態を起こした。

ユダヤ民族保護政策

鮎川が「満業」の総裁をつとめるのは、昭和十二年十二月から昭和十八年一月中旬までである。その後は高崎達之助に総裁を譲った。

結果的には、訪米を予定していたにもかかわらず、揚子江でのパネー号事件が起こり、訪米できず、アメリカからの資本導入は失敗に終わる。

鮎川はアメリカを諦《あきら》めると、ドイツに希望をつないだ。シベリア鉄道で機械を買い入れる話は、直接ヒットラーとも会って進んだ。しかし欧州戦争が起こり、この計画は挫折する。

鮎川は満州進出前に日産自動車の工場を横浜に建て、アメリカ人技師を使って小型自動車「ダットサン500cc」を製造して売りまくった。主要機械や設備は、すべてアメリカから輸入している。

だが、「軍用自動車補助法」ができると、外国車の締め出しが始まり、日本に進出しているGMは生き残るため、日産自動車との提携を模索してきた。

GMという自動車会社は、いくつもの会社を吸収合併して大きくなった会社である。生き残るためには現地企業を呑み込む、というのが基本的な経営戦略だ。鮎川はGMとの合併を考えていて、商工省に働きかける。が、軍によって反対され、合併話は断ち切れとなる。

そこに、昭和十二年七月、外国為替管理法が改正され、輸入品等臨時措置法が施行された。その結果、輸入価格は高騰し、GM、フォードなどアメリカの二大自動車会社は、日本での車の販売が不可能となった。

唯一、シボレーのみが組み立て工場を持っていて、昭和十一年五月施工の「自動車製造事業法」の範囲内で組み立てが許可されている。

ＧＭやフォードが目をつけたのは、満州だった。ＧＭは、間もなく、「満州国ＧＭ」社をつくり、満州で車を売る。総支配人は日系二世の浜本正勝で、彼は関東軍に売り込んだ。また、ＧＭはアメリカ本土からのＧＭの重役を、天津と北京に送り込み、販売会社を設立して、国民党にも売り込んでいた。

鮎川が外資導入を主張したのは、ＧＭなどアメリカ資本の接近があった。日本産業と提携して、関東軍にトラックや自動車を売ろうという考えである。

石原も他の参謀たちも、アメリカ資本を取り入れることには反対だった。安江と石原との間でも、「外国資本導入は避ける」ことで意見の一致を見ている。

こうした背景をとらえて、昭和十三年一月二十一日、関東軍は、左記のように、「現下に於ける対猶太民族施策要領」を定めた。

猶太民族が正義公道を基として日満両国に依存するに於ては、之を八紘一宇の我大精神に抱擁統合するを理想とす。現下、満州国開発に際し、外資導入に専念するの余り、猶太資金を迎合的に投下せしむるが如き態度は厳に之を抑止す。ドイツその他の列国に対しては我民族協和、八紘一宇の精神並びに防共の大義に遵由するを諒解せしめ誤解無からしむ。

実施要領

一、猶太民族主要地たる大連、奉天、哈市《ハルビン》、海拉爾《ハイラル》（注・現中国内蒙古自治区）に於ける各特務機関長は左記に関する裏面工作を進む。

㈠宗教的な猶太民族の融合を計る為、猶太協会に対して裏面援助輔導を与う。
㈡各集団に於ける中心的猶太人中、我方に適当なるものを個人的に把握し、之を核心とする同民族の結合を計ると共に、之をして哈市中央本部の統制下に入る如く指導す。
二、日満側各機関
㈠依然厳正公平なる態度を持し、是々非々主義に徹底す。
㈡猶太人なるが故の圧迫は之を取締るも、之に依り民族的特恵待遇たらしめざる如く其の実施を注意す。
三、在外工作
在外帝国使臣、武官に対し、我方猶太工作の真意を諒解せしめ、列国をして誤解なからしむ。

この施行要領は、関東軍が初めてユダヤ民族の保護を打ち出した政策だった。素案は安江仙弘によるもので、子息の安江弘夫は、『大連特務機関と幻のユダヤ国家』の中で、「泣く子も黙る関東軍が、このような人道的な施策を打ち出したのは、在日ドイツ大使館にとって相当ショックだったであろう」と記している。

石原は、東条や植田を説得して、号令を発した。

石原としては、満州里など、満州の西に追われてくるユダヤ人たちの村をつくり、自活の道を与え、同時に戦略的には、対ソ連軍に備える考えだった。

第二章――建国大学の構想

満州に小西郷南洲の育成

石原莞爾が「大通陸軍大学構想」に着眼したのは、昭和十二年の暮れである。国内の陸軍大学と同じカリキュラムを持って、学術優秀な満州国の学生を育成し、少なくとも、若い西郷隆盛を育てたい、という理想に燃えていた。

場所は新京から西北の、洮安の中間地点の大通（今日の通楡か）である。なぜ、新京から離れた草原を選んだか。その理由として考えられるのは、新京近くだと、学生が夜遊びするからである。

また大通は洮安に近く、洮安から北へは鉄道でチチハルへ、チチハルから東へ行けばハルピンであることから、北満一帯での行動にも便利である。

石原の昭和十二年の備忘ノートには、満州国軍の参謀や政府高官の名前が太字の鉛筆で大きく書き込まれている。まず第一行には、「馬占山の参謀長程志遠」とある。

馬占山（漢民族）は石原の呼びかけで、昭和七年の満州国建設のさい、黒竜江省長のポストを与えることで帰順した、馬賊出身の黒竜江省主席代理である。

五族協和のため、石原は満州人による満州国家をつくり上げた。しかし、一番やっかいなのは満州東北の五巨頭の扱い方だった。

その五巨頭とは臧式毅、溥儀の縁戚に当たる熙洽《きは》、張景恵、趙欣伯、それに馬賊出身で黒竜江省主席代理の馬占山である。馬を満州国に組み入れて、満州をまかせようというプランである。なかでも、ソ連国境に近い黒竜江省の守りは不可欠で、馬占山を組み入れなければ、対ソ連の防備が固まらない。

石原は、馬占山を、単なる馬賊にとどまらせず、黒竜江省長のポストを与え、しかも政務委員会と建国会議に参加させることにこぎつける。

昭和七年（一九三二）二月十六日、建国会議が行なわれるが、馬占山は重い腰を上げて新京入りした。政体や国号など重要事項の審議に参加している。

その結果、張景恵を皇帝直轄の参議府議長に、関東軍司令官の下に国務総理を置き、鄭孝胥を、その下に国務院、監察院、文部部、財政部、民政部、外交部、実業部、交通部、司法部、軍政部を置いた。

そのときのポストは、于沖漢（満人）が監察院長官に、熙洽（満人）が財政部長、臧式毅（満人）が民政部長に、謝介石（満人）が外交部長に、張燕卿（満人）が実業部長に、軍政部長に馬占山（漢民族）、司法部長に馬凾清（漢民族）が就任する。

満州内閣は国務院（総務）長官の駒井徳三を除いては、すべて漢民族や満州人による内閣だった。なかでも漢民族の馬占山の組閣入りは、石原を安心させた。

だが、漢民族の馬は、満州の臧式毅らとは肌が合わず、ついに昭和七年四月、黒竜江省で反満抗日の旗を上げた。七月、日本軍に急追されるとソ連領へ逃げ込んだ。

石原らが更迭された後の九月、今度は蘇炳文が、満州里から越境してソ連領へ逃げ込んだ。日本軍は二人の引き渡しをソ連側に要求したが、ソ連側はこれに応じなかった。

それから五年後。石原は馬占山の参謀長程志遠と連絡をとりたいと考える。一般に漢民族は満州では大事にされていなかった。馬占山も満州人の政府要人と意見が合わなかった。それに馬の黒竜江省は背面にソ連軍が控えていて、ソ連のコミンテルンと接触していたかも知れず、苦しい立場であったろうと想像する。

石原の備忘ノートの、同じ頁には「克山、昌黎縣、回教、別府」とある。克山は北満の先端。ここに回教徒を入れようとしたのだろうか。

五年後の日系の軍官は、老いぼれが多かった。石原は、現地を見ているうちに若くて気力、体力が充分な者を集団に編入して訓練し、将来は国防軍による構想を思いつく。それには中央訓練場と陸軍大学をつくり、短期間で国防軍の指導者になる軍人をつくり上げたいと考える。

備忘ノートの最後には、ひときわ太い字で、

「大通陸軍大学

学術優秀学生
要図拙劣
小西郷南洲」とある。

石原は幼年の頃から、西郷隆盛を尊敬して育ってきた。鶴岡の人のほとんどが、今もって西郷隆盛を恩人と思っている。

明治維新に対して、石原は、「昭和維新」という言葉を多用しているが、常に西郷隆盛を引き合いに出しているところからすると、石原は「満州の西郷」になりたかったのかも知れない。

晩年の石原は西郷に似た生活、つまり農工一体をとり、「農耕」と「節制」に生きている。会議でも自己主張でなく、部下の意見をとり入れて決行するところも似ている。

すでに、昭和十二年の満州で「小西郷南洲」と備忘ノートに大きく書いているところを見ると、「満州の西郷」に、燃えていたのだろうか。

そう考えると、「大通陸軍大学」とは、西郷の「私学校」と、性格をひとつにするものかも知れない。つまり、満州国の国防軍という、独立した軍隊で満州を守ろうとしたのだろう。

大通陸軍大学新設構想

立案企画力に乏しい東条参謀長の下での石原は、満州国家の再建に燃えた。そのひとつに、皇帝を中心とした満州国の政治組織案がある。

具体的に文章化し、人事まで特定した上で、板垣征四郎陸軍大臣に提案するのは昭和十三年の秋である。鶴岡に戻り、百姓をしながらまとめるが、着想は、満州時代、それも昭和十二年（一九三七）十一月八日とある。

満州に陸軍大学をつくり、満州人の子弟を教育し、要図が書ける軍人を育てたい。ゆくゆくは国防軍に、と考えていた。

動機は、満州軍の兵士が、要図書きが拙劣だったことにある。

要図は地図とは違う。見たこと、聞いたことを簡単に地名、鉄道、道路、川、それに敵兵がどこに何人いるか、を地面にさっと書く能力で、状況判断には欠かせない。

日本の陸軍士官学校では、測量学があった。一週間ほど、現地視察して百分の一ほどの正確な地図を書く訓練である。これを「要図」と言って重視した。

だが、石原が満州の現場で各師団、満州国軍の兵士たちの要図を見ていると、正確さに欠ける。そこで、大学構想が浮かぶ。

それ以前に、石原は政治組織をつくらねばならないと考え、「建国大学」の必要を思い立っている。

石原はこの「建国大学構想」のいきさつを、昭和十七年（一九四二）一月三日から五日までの三日間、千葉県小湊での東亜連盟講習会で語っている。

これまで、石原は「昭和維新論」で、国内革新の重大項目として「官治の制限」と「自治の再建」を強く主張している。官を排するのではなく、「官は骨、自治は血肉」論である。

渾然一体となって、完全なる国家社会を作ろうという理想国家である。

満州では、この六年近い間に、日本からの官吏が入り、有能な満人を追い払い、五族協和の精神を払拭し、植民化していた。

石原は、もう一度、五族協和による満州再建のためには、満州事変当時の軍司令官だった本庄繁を会長とした建国大学をつくるべきだと考え、十一月八日の備忘ノートにメモしている。

石原がいう「建国大学」とは、総合大学ではなく、協和会の下で国策を企画する政治大学である。石原の構想は、つぎのようになる。

まずトップに皇帝がいる。

皇帝の下に協和会と建国大学がひとつになる。その下に協和会中央事務局がある。

この事務局と一身同体で、企画局は政治部、経済部、教化部、監察部で構成される。主として財政、治安、教育、内閣総務の仕事で、関東軍はこれには関わりを持たない。

また協和会会長は、協和会高等委員会、協和会中央委員会を把握する。協和会高等委員会と協和会中央委員会は、協和会全国聯合協議会で選ばれた者が業務に当たる。

これが協和会と建国大学が満州国家の財政と教育、治安、政治を司る範囲である。

なお、協和会・建国大学とは別に、皇帝の下には国務総理、宮内府、軍政部がある。軍政部は、皇帝とは独立した形の関東軍司令官が、日満協定によって関わりを持つが、軍政部員は満州国軍を把握する。

その一方に、関東軍司令官の下には日本軍があるので、二つの軍組織となる。もっとも関東軍は、直接には軍政部にはタッチしない。あくまでも日満協定により指揮をとる範囲内の干渉となる。

なお、行政のうち、国務総理の下に総務庁、企画処があり、その下に民生部、経済部、外交部、司法部がある。

ここに二つの経済部があるが、協和会の経済部は主として経済企画が中心で、国務総理の経済部は鉄道、通産、通信、商工などの満州開発を担当し、それぞれ区分けしている。

国策については、総務庁が企画する。なお、建国大学の企画する国策と、協和会の企画局で企画する「会策」との関係は、三つが渾然一体となって満州の政治を運用する。

また、企画局で企画した協和会の会策は、協和会中央委員会で協議される。

つまり日本の役所のように、課長、部長が決めたことに上司がただ捺印するのではなく、先に建国大学で「こういう方向をとる」と企画し、各部が方針にそって考え、下から上がってきたものを協和会中央委員会で審議し、協和会の最高委員会で「国策」を審議するというチャートになる。

そのため、協和会最高委員会の委員は、協和会会務機構の最高指導者グループと、政府の最高指導者グループ、それに民間の有識者で構成する。

石原は、日本での選挙による議会制度はとらず、満州にいる衆智を集めて国策を決定する組織を考えていた。その理由を、こう語っている。

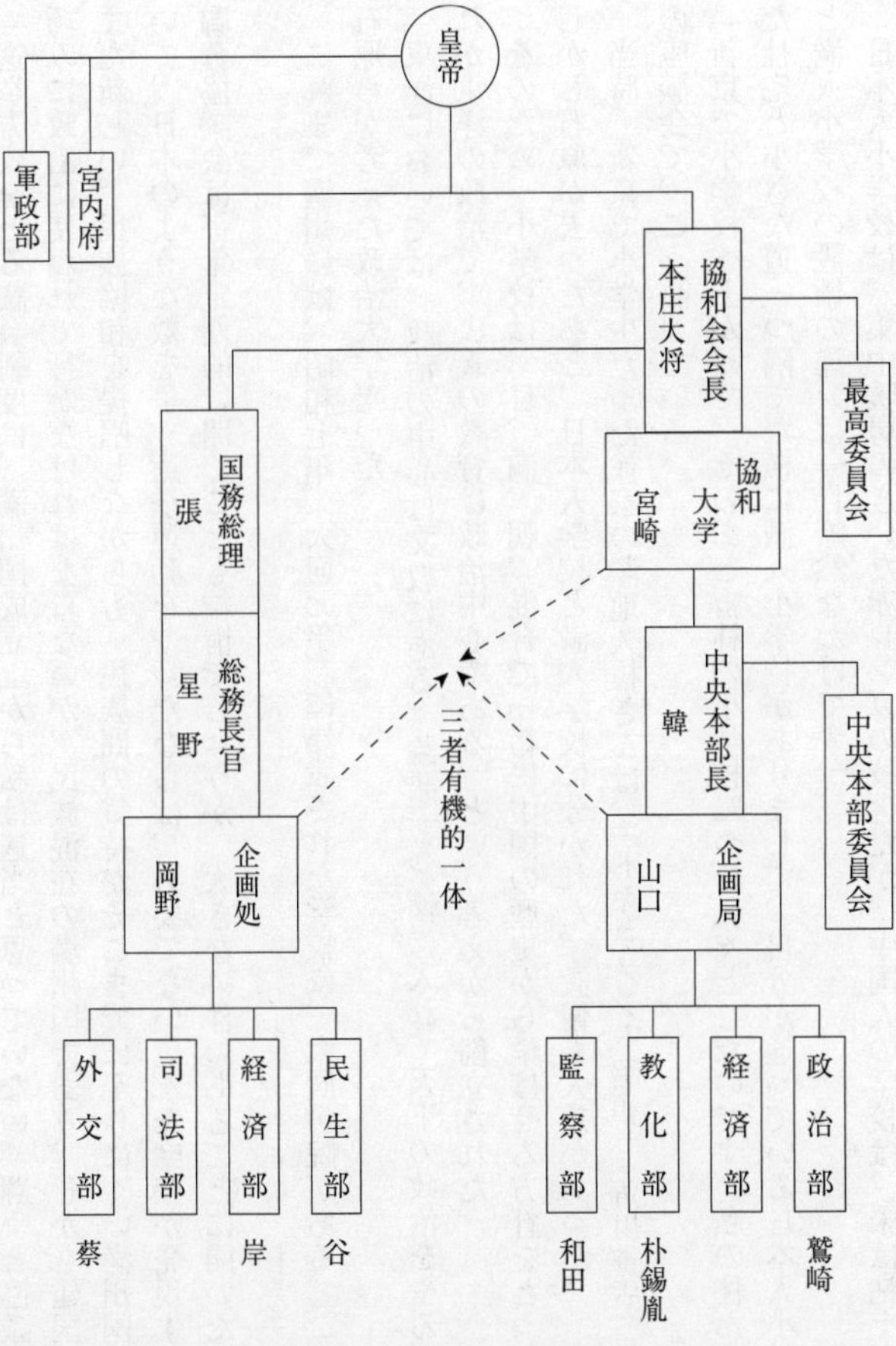
皇帝
軍政部
宮内府
協和会会長
本庄大将
最高委員会
国務総理
張
総務長官
星野
協和大学
宮崎
中央本部長
韓
中央本部委員会
三者有機的一体
企画処
岡野
企画局
山口
外交部
蔡
司法部
経済部
岸
民生部
谷
監察部
和田
教化部
朴錫胤
経済部
政治部
鷲崎

「選挙方式をとる議会制度は、満州国成立上から私は適当と思っていない。闘争と協議とが、巧みに政治に使われて行かなければならないが、民族混在の満州国であり、しかも建国日はまだ新しい。民族協和を提唱しながらも、民族間の気持がそこまでに至りにくい満州国において、日本のような数を争う選挙運動をやったならば、必要でない色々な摩擦が発現する。聯合協議会は毎年定期的に開くことも結構でしょうが、大きな事件のあるごとに開いたらよい」

これまで満州には、昭和七年（大同元年）に建設された学校に、大同学院がある。これは石原らが考えた政治大学だった。

「東洋においては、政治の中心は文教にある。論語一巻懐《ふところ》に入れて天下の政治をやる。それが東洋の政治で、広義の教育は政治中心である」という考えから創立された。

そのため、小学校は、日、満、朝、混合で一緒に中国の歴史から学ばせる方針をとった。しかし石原が去ったあと、日本人学校と満人学校に分かれた。設備も大差があった。

当時、新京で小学生だった作家の澤地久枝さんは、「ドキュメント昭和」（角川書店）の中の座談会で、こう語っている。

「新京で小学校へ上がって、そのあと吉林の小学校二つを転々としたのです。私の住んでいた社宅と小さな道一つ隔てた横に満人小学校がありまして、自分が通っている日本人小学校と満人小学校の設備の違いは一目瞭然なわけです」

日本人小学校は、集中暖房のきいた赤レンガの校舎だが、中国人の学校は、床は粘土が剥き出した平屋で、暖房はなく、先生の着衣はボロボロだった。

大同学院も変貌していた。石原は語る。

「満州建国の精神を中枢部に吹き込む、新しい政治に参与する人を養成するための大同学院を考えたところが、いつの間にやら、時局の切迫に迫られ、大同学院が今日の如く官吏の養成機関になった。無理もありません。満州建国の精神を政治的に教える大同学院の教授は、求めようと思っても得られない。満州建国は学校には分からない。本庄大将みずからやらねばならない」(昭和十七年)と石原は、大同学院を解消して建国大学に組み入れようとの構想に出る。

このほか、昭和九年(一九三四)には、陸軍軍医学校(ハルピン)と興安軍官学校が新設されていた。昭和十二年には経理学校の性格を持つ軍需学校が、昭和十三年には陸軍獣医学校が新設された。

石原の「大通陸軍大学」新設構想は、のちに昭和十四年(一九三九)に、陸軍軍官学校として新設された。このほか、陸軍飛行学校も新設された。

また、建国大学も、石原案で新設されるが、本庄繁を会長とする政治大学ではなく、日本の総合大学と似たものにとどまってしまった。

王道学の三つの科目

石原構想の「建国大学」の中心は、王道学である。あらゆる方面から、満州建国の最高理想を明らかにし、王道学に基づいて王道戦争学を置く。

石原が言うところの戦争王道学とは、最終戦争準備期間に、最終戦争における満州国の東亜国防の研究だった。

この王道学、王道戦争学のもとに、王道政治学、王道社会学、王道経済学の三つの科目を置くという、実にシンプルなものである。

その三つの科目の内容につき、石原はこう書き残している。

◇王道社会学

満州諸民族の習性を徹底的に研究し、その特異なるものは尊重すると共に、融合緩和の方法を講じ、その共通なるものについては体系化し、以て民族協和の見地に於ける理想社会を実現する。

◇王道経済学

満州国の国防的責務に基づく国防国家として必要なる経済力の養成（満州国産業開発計画）を研究主題とし、各民族の特徴をいかに活用し、いかに調和せしむるべきかを考究し、以て公正なる経済組織の建設を企画する。

◇王道政治学

換言すれば協和政治学なり。民族協和の満州国に適応すべき公益中心政治の探究を主眼とする。

王道学、王道戦争学を加えると五科目であるが、その他、補助学の設置を追加している。

補助学とは、満州国を中心とする東洋歴史、満州帝国史を学ばせて、満州国建国の歴史を検討すると同時に、批判するという歴史学である。つまり、満州建国に参画した人は、自分の失敗を喜んで世の中に晒《さら》け出して、満州国建設以来のことに批判を加えるというものである。

ついでに、台湾、朝鮮の統治史を研究し、インド、フィリピン、外蒙古の統治史も研究対象とする。

「要するに、日本が明治時代に於て、台湾、朝鮮を統治して彼らの生活向上その他に於て非常なる幸福を与えたにも拘《かか》わらず、まだ民心が充分に安定していない原因を明らかにする。それから、西洋人の植民地政策もよく見て、比較研究して、満州国政治の参考にしようというものです」と、石原は説明している。

また、教授、学者については、「天才的学者を広く世界に求め、その創立と批判とを活用すべきで、なるだけ素晴らしい教授を集めたい」方針である。

石原は、このほか、日本の企画院に当たる国策企画部を建国大学に置き、満州国の国策を立案、企画させることも考えた。

満州国の最高指導者のもとに、建国大学が広く満州建国の政治的経済的指導者を育成するため、のちに石原は、本庄繁大将を最高指導者に推薦している。

この中で石原は、学生のことにも触れている。

つまり学生は、自ら街頭に出て、社会教育に当たるというものである。

「東洋らしい統制主義時代の政治大学」、それが、石原の「建国大学構想」であった。

協和大学と改名

「建国大学」構想は、組織図に変わりはないが、のちに昭和十三年、板垣陸軍大臣に提出するさいは、大学名を「協和大学」と改名したいきさつがある。

また協和大学は、相方の企画院（処）の国策に参加して、「三者有機的一体」の運用に一部変更となっている。満州国家のすべての国策に深くかかわることにして、日本がらみの官僚をはずし、協和会主導の国家づくりを提案している。

昭和十三年秋の、陸軍省の便箋に書かれた石原の満州国家組織図には、人事にまで触れ、適任者をポストにすえている。

それによると、協和会の会長には、「満州五ヵ年計画」を起案した宮崎正義を協和大学のチェアマンに、その下にある中央本部長には、韓雲楷を、企画局長には協和会の山口重次を当てている。

その下の四つの部では、政治部長に鷲崎研太、教化部には朝鮮人で東大法科から外務省に入り、領事をつとめた朴錫胤《しゃくいん》を、亡くなった于沖漢にかわって監察部長には、協和会の和田勁を起用した。

一方、山口重次案とも言われる国務院の機構は、昭和七年、満州建国のときから東北行政委員会の委員長をつとめ、参謀府議長だった張景恵を総理に、その下に総務長官を置き、日本の官僚で、東条英機と共に、日本人の内面指導を進めてきた星野直樹を当てた。星野は東条と共に、鮎川義介を満州に呼び寄せ、満州を植民地化して日本主導の満州国家を作り上げた官僚で、二人とも、昭和四年頃の大阪国税局長だった。その男を、張総理の下につけるという大胆な人事である。

企画処には協和会の岡野鑑記を起用し、張と星野、岡野の三人で政治立案をやるという組織である。

ここには東条の息がかかっていた星野の独断を許さない、という石原の狙いが窺《うかが》える。

なお、政治機関の四つの部では、民生部長に谷次亨（満州人）、経済部長に岸信介（のちの日本国総理）、司法部は空席で未定、外交部には満州人の蔡を、拓殖長官には陸士二十一期で石原の同志の一人、富永良男を起用している。

この組織と人事からは、石原がもっとも嫌った日本官吏の内面指導を撤回したい意向が読みとれる。

なお、協和大学の教授には、宮崎正義、山口重次、岡野鑑記、鮑、崔南善、蘇、中山優といった協和会のトップの顔ぶれを上げている。

また国策を審議する「協和会最高委員会」の構成委員は、国務総理のほか、総務長官、総務庁次長、企画処長、協和大学教授、中央本部長、企画局長、政治部長、国通社長、臧式毅、その他民間の者たちである。

すべて協和大学で協議し、最高委員会で国策を決定するという、日本と違った満州国家の組織づくりを提案した。

もっとも、その後、大学名は協和大学とはならず、十一月に構想した建国大学のままとなった。しかし実態は、石原構想とは大きくかけ離れた総合大学になってしまった。石原としては、形だけはできたものの、内容がともなわず、不満だった。

于沖漢のうれし涙

昭和十三年（一九三八）一月八日、石原莞爾の父啓介が死去した。前年の暮れから危篤状態だった父・啓介の危篤の知らせは、鶴岡の実家からの電報が官舎に届いた。急いで帰る方法を考えた。妻の銻子も一緒だった。

しかし、臨終には間に合わなかったが、通夜には間に合った。

石原の帰国は、このときと、二月、五月の三回である。五月は満州国軍兵で日本に留学している満州二世生徒たちに、石原は、「建国大学、日本軍から満州国軍にかわり、満州国軍の師団が二つほどできて、国境を警備することになるだろう」と講演している。

昭和十三年一月、父親の初七日が終わると、石原夫婦は新京に引きかえした。それから間もなくして、昭和十三年一月十六日、近衛内閣はトラウトマンの和平工作を打ち切り、「国民政府を相手とせず」の声明を発表した。

この声明を、蒋介石をよく知っている石原はどう受けとめたか。記録として残っているものはないが、しかし「なんとおろかなことを！」と思ったことは、不拡大を唱え、参謀本部では彼一人が反対したいきさつから、容易に想像できる。

参謀本部第一部長の頃、若手の武藤章らに押し切られ、戦火はついに第二次上海事変から南京へと拡大して行った。知ろうと思わなくても、南京城攻撃、近衛声明の情報は入っていた。

彼の「備忘ノート」には、このときのことは何ひとつ記録されていない。満州再建しか、考えていなかった。

石原の支那事変に対する見解は、昭和十五年（一九四〇）三月一日、京都で行なわれた東亜連盟協会関西事務所主催の講演会での演説に、窺い知ることが出来る。石原はこう語っている。

「最初に事変が起きると直ぐ不拡大主義、こう言ったのです。満州事変のときも、内閣は不拡大主義でありました。が、あの時の不拡大主義というものは、性質は違っております。頭が尿毒症の頭ですから、事変が起きた時に頭がボーッとしている。寝ぼけている。

盧溝橋の銃声で、アッと思って国民全部寝ぼけておったような状態でありますが、それでも夢中で不拡大主義、こう言ったのです。けれども、昭和十四年七月の近衛さんが目を醒《さま》して、はっきり〝東亜の内乱〟と言った気持は、その寝ぼけておった昭和十二年の日本国民に、やはりあったのです。

日支間というものは決して喧嘩すべきではない、東亜の内乱という気持がありましたから、不拡大主義、こう言った。満州事変に日本の当局はどうも自由主義にかぶれて、あるいは英米の壓迫《あつぱく》を恐れて、恐ろしいものでありますから、これは大変だというので、不拡大主義といったのと、その本質に於て大きな差があると思います。しかし、いくら不拡大主義と言っても、運命というものは不可避であります。（中略）聖戦ともいう。

聖戦という言葉は、満州事変の王道、即《すなわ》ち皇道の大精神であります。儲《もう》けるために、ある物をとるためではないのであります。道のための戦いであります。東亜の大同のための戦いであります」

石原はこのときも、満州の文官で、昭和七年の満州建国のさい治安担当大臣をやった于沖漢のことを思い出して語った。

石原が于沖漢を見舞ったのは、参謀本部の作戦課長になった頃である。満州に行ったときに訪ねるが、そのときは病床にあった。石原が病室を訪ねると、カマキリのように瘦せた背の高い于沖漢は、ベッドから起き、石原に瘦せて細い手を伸ばして、うれし涙を浮かべて握手した。

見舞った石原に、于沖漢は泣きながらこう言っている。

「石原さん、あなたは商売が上手だ。ちっぽけな付属地なんというものは満州鉄道の側、ちょっと顕微鏡で見なければ分からんほど小さいが、ちっぽけな付属地をくれて満州全部を取ってしまう」

于沖漢は満州は独立した方がいい、といって、関東軍に協力した文官の一人だった。その子供は日本の士官学校に入り、日本語を上手に語り、石原が面倒を見ていた。

石原は于沖漢を見舞ったときのことをこう語っている。

「于沖漢は、私の手を締め付けてボロボロ涙をこぼした。——私は今でも忘れることは出来ません。日本人はこの気持をよく酌んで頂きたいと思うのです。于沖漢さんはその後、間もなく死にましたけど、国葬にするべきだったと思います。枢要な位置にありながら、何者にも憚《はばか》らず、自ら満州国は独立国であるべきだと言った満州の文官は、余り沢山ないようです。満州建国の最高の功労者である于沖漢氏の功績を、皆さんの前で発表しえるのは、私の非常に欣快とするところであります」

しかし、于沖漢との約束は、六年たった昭和十三年一月の時点では、果たせないでいる。日本企業の満州進出は、すでに三井、三菱、住友、大倉、東拓、浅野といった財閥が満州に進出していた。昭和十一年までに日本からの満州投資額は十一億円にのぼっていた。「独占資本、財閥入るべからず」の当初の満州開発方針は崩れ、財閥の喰いものになっていた。石炭、石油、自動車産業のほか、日本興業銀行など銀行も進出したが、政治形態は何ひとつ台湾植民と変わらない。

新京の夜の街は日本人であふれ、美酒に酔い、女たちの生活も派手になっていた。

東条参謀長は、二月中旬の参謀会議の席で、実に浮《うわ》ついた発言をして、石原を苛立《いらだ》たせた。東条は、日産の鮎川義介の外資導入と満州産業界の活性を平然とぶったりした。それが石原には気に入らない。

「企画立案力のない上等兵」同様の東条の雄弁に、他の参謀たちは聞き入っているが、石原から見ると、満州国再建の哲学は、そこにはなにひとつなかった。

石原は、その日の東条の言葉を、彼なりに六行の感想事項として書きとめている。判読できたのは、つぎの四点である。
一、目標の決定がない。
二、相互連絡、統制に欠けている。
三、動揺をきたさざること。
四、地ベタに足をつけること。
他に二項目あるが、判読不可能。

この備忘ノートからは、東条が言っていることは、目標の設定がないばかりか、足が地についていない、浮《うわ》ついた話ばかりだったことが想像できる。

東条夫人の勝子の「日満婦人会」も、石原には気が進まなかった。「日満婦人会」は、昭和八年（一九三三）二月二十五日に結成されてできたものだが、東条勝子は、これを「国防婦人会」に改称して、日満の友交を深めようというものである。会の誕生は四月三日だが、会長に東条勝子、副会長に星野直樹夫人と、参謀夫人たちが中心になった。また武藤富男による「国防夫人会の歌」まで作られた。

そこには、満州支配はあっても、満州独立国家はなかった。

第三章―満州二世への遺言

「対ソ国防建策」

極東ソ連軍の戦備は、特務機関の調査から、日本の六〜七倍という猛烈な勢いで強化されていた。満州の日本軍は、いつ敗れてもおかしくない状況だった。

石原は戦備強化のため、あらためて陸軍の二十個師団の駐屯と、空軍の増強、重砲連隊の派遣を、参謀本部に要請した。

なかでも、満州里など、現在一個師団しかいないノモンハンを含む満州北西部には四個師団を駐屯させる必要があり、そのことも、関東軍参謀会議で決定の上、参謀本部に要求している。

しかし同じ関東軍内では、植田謙吉軍司令官も東条英機参謀長にも、満州の危機感は薄かった。この二人は、次の異動で中央へ戻ることしか、頭になかった。

満州の西部ハイラルに四個師団を配置したいとの考えは、ソ連と外蒙古が同盟を結んでいて、いつでも攻め込まれる可能性があるとの判断から生まれている。

昭和十四年、ノモンハン事件が起きるが、このときは石原が満州を去った一年後になる。ハイラルには二十三師団（小松原道太郎中将師団長）の一個師団しかなく、戦いは全滅だった。石原の要請どおり、四個師団を配置しておれば、ソ連の襲撃はなかったろう。

昭和十三年春までの満州には五個師団半が駐留していたが、配置はウラジオストックを睨んだ東満に三個師団、ハイラルに一個師団、その他がハルピン、奉天である。

作戦は関東軍にはなく、すべて東京の参謀本部である。参謀本部が決めて、関東軍が直轄していた。

石原は、これではいけないと考え、牡丹江を中心にした東満に各師団をまとめた「東方軍」なる司令部をつくることを指摘する。現在は二個師団だが、それでも方面軍的な、師団をまとめる作戦兵団を一括し、第一線の師団を統括させる軍司令部をつくれと、スケールアップしている。

この要請は、多田駿（参謀本部次長）が石原の意見を取り入れ、徐々に増派遣し、昭和十六年になると関東軍は、全部で十三個師団と航空兵団になった。軍団も六軍団で編成された。

しかし、作戦の指揮は東京にあって、新京の参謀本部にはない。

六軍団の内訳は、第三軍（九師団と十二師団）は東満の牡丹江に、第四軍（一師団と十四、五十七師団）は北安に、第五軍（十一と二十四師団）は東安に、第六軍（二十三師団とその他）は海拉爾《ハイラル》に、第二十軍（八と二十五師団）は鶏寧に、そして関東防衛軍は新京に、それぞれ軍司令部を置き、中将クラスが軍司令官になった。その上に、十、二十八、二十九師団を直轄する関東軍（梅津美治郎関東軍司令官、大将）がいた。

これは、石原の要請を受け入れなかったがために敗北したノモンハン事件で、参謀本部が目ざめて増強したものである。はからずも、石原の着想が正しかったことを証明するが、それにしては、被害が大きかった。

石原は昭和十三年三月、腰の重い植田と東条を説得して、「対ソ国防建策」を参謀本部次長の多田駿に送った。

多田は左遷人事を承知で、「満州を再建したい」との石原の希望を聞き入れ、阿南惟幾人事局長に反対されたいきさつがある。石原を東条のいる満州に送り出した男だけに、石原の要請には応じる義理がある立場だった。が、現実には南京、上海の中支那方面軍もあり、動かせる兵力が少なかった。

それを承知で、石原は六〜七倍の兵力を持つソ連軍に対抗するため、満州国防建策を提出した。

それによると、十個師団の増派遣では足りず、東満に十個師団、北の黒河に三個師団、ハルピンの北部佳木斯《チャムス》に四個師団、北西正面に三個師団の配置が必要である、と要請する。

これに対し参謀本部は、満州は十二個師団でよく、有事のさいは朝鮮軍から三個師団を回して、関東軍の指揮下に置く方針である。当時の陸軍省では、それが精一杯だった。

そこで石原は、「日中問題を早く解決して、満州に六個師団の兵を転用すべきだ。できなければ、国内には近衛師団を除いた内地の六個師団を転用すべきだ」と提案している。

つまり、国内には近衛師団と海軍のみを残し、中国本土に六個師団、満州に二十個師団、不可能なら十八個師団を配置すべきだ、と提案している。

同時に、関東軍の機構改革をも提案した。動機は、組織の簡素化だった。

関東軍は石原が参謀本部第一部長になったとき、内地の参謀本部なみに、各部をつくっていた。その下に四つの課まである。石原は、そうした各部を廃止、縮小する考えである。どうするかといえば、各部がやっていることを、中間の方面軍司令部に移そうという考えだった。

各方面軍司令部で作戦を考え、それを関東軍が直轄するという組織で、各軍の司令官に権限を与えるやり方である。いかにも天才石原らしい構想である。

また同時に、教育、補給などに対する中央の指導力を、もっと強化すべきである、との要請も出している。

石原の「備忘ノート」を見る

石原がもっとも頭を痛めていたのは、満州における日本官僚及び関東軍の四課（内面指導）のあり方だった。

相変わらず日本の役人たちは、同じ職場で働く満州人よりも三倍の高給をとっていた。また、通勤には車を使っている。このため、満州国予算の中に占める人件費は三十二パーセントにふくらみ、財政を圧迫していた。

石原は、そんな役人たちから車を取り上げるべきで、全員歩くか、馬で通勤せよ、と忠告した。

まして植田軍司令官は、皇帝よりも豪邸に住んでいた。東条もしかり。若い役人の中には、運転手付の車で通っている者までいた。上から下まで腐っていた。

石原は、参謀官舎から歩いて通勤している。

また、関東軍の満州に対する指導は、植民地台湾でのやり方とまったく同じ植民地政策だった。満州国は満州人の国で、五族協和国家であることから、治安以外は満州の政府要人にやらせるべきで、日本の役人や関東軍が口出すところではない、ことも要請した。

しかし、内面指導の縮小問題は、改善される見込みはなかった。

満州の防衛で、石原がもっとも力を入れたのは、空軍の強化だった。風船爆弾まで考案した。西風にのせて、極東ソ連軍機を迎撃しようというアイデアである。

昭和十三年三月時点での極東ソ連軍と満州軍との軍備比は、つぎのようになっている。

極東ソ連軍の二十個師団に対し、満州国軍はたったの七個師団である。

翌年の十四年（一九三九）三月までの時点では、ソ連軍は二十四個師団に増えたのに対し、満州国軍は九個師団。

昭和十五年三月時点になると、ソ連軍はなんと三十個師団にふくれ上がっていた。これに対して満州国軍は、ようやくふたケタ台の十一個師団。

対ソ連軍との「目標対比率の八十パーセント」にはとても及ばないばかりか、わずか三十七パーセントで、六十三対三十七の比率である。しかも日本の軽重機は古く、使いものにならなかった。

航空機の保有率は、対ソ連比で見ると、昭和十三年三月時点では、わずか十六パーセントにすぎない。

昭和十四年三月時点では十六パーセント、ノモンハン後の昭和十五年三月時点では、いくらか増強されたが、それでも二十二パーセントである。

昭和十四年三月時点での極東ソ連軍の空軍機は二千機だった。これに対し満州国軍には、たったの三百四十機しかなかった。

戦車の数も、ソ連の九百輛に対し、満州国軍はたったの百七十輛。いつ攻め込まれても、敗北は見えていた。

昭和十二年暮れから十三年春にかけて、石原は空軍の強化を、参謀本部に要請している。石原は参謀本部第一部長（九月末まで）時代に、航空機製造と飛行団の増強を決定していた。そのことは当時の東条参謀長や今村副長が実行しなければならない仕事だったが、満州に着いてみると、何ひとつやっていない。

石原は、ただちに増強に取り組んだ。

まず、九つある飛行場を使い、四個飛行団と十六の中隊を配置した。

飛行機も、高速機、急降下で攻撃する軽爆撃機、敵の基地や重要施設を叩く水平重爆機、遠距離の要地を爆撃する超重爆を配備させた。また、それにともなう組織改編も断行している。

特に、満州の西になるチチハルには重爆十個中隊を、東満の牡丹江には軽爆十六個中隊を、昭和十三年一月に配備した。

高速機は、石原の要請に多田参謀本部次長が応えて、昭和十三年三月に四機だけ届けられた。

後方機関である兵站《へいたん》は、内地から運ぶようでは間に合わないので、満州国内でやる方針を決めている。

問題は、飛行場の機材不足である。油、爆薬も不足したので、石原は飛行場の設備を担当する飛行場大隊を別に作り、通信、防空、機材の確保、空中戦をやる飛行団の裏方を強化している。

この他に、予備役、航空機整備兵を養成する機関をつくり、修理班を整え、航軍隊が支障なく戦える環境を万全のものにする方針を固めている。

石原の備忘ノートには、航空機、戦車隊の配置と師団数が記号で書き込まれている。それによると、

ハイラル方面に、戦車隊三個師団と飛行師団三個。それに一般師団を四〜五個師団配置。

北満の黒竜江には、二〜三個の戦車師団と二〜三個の歩兵師団、それと飛行師団。

ハバロフスク方面には、戦車二個師団と二〜四個の一般師団、二個の飛行師団。東満のウラジオストック方面には、五〜六個の戦車師団、八〜九個の一般師団、四個の飛行師団である。

植田司令官、東条、それに他の参謀たちが、夜となると街に出て鮎川義介など財閥の招待にあずかり、酒宴を張っているさなか、酒もタバコもやらぬ石原は、ある日は関東軍参謀室で、またある日は参謀官舎で、作戦を練っていた。

日付けは不明だが、「備忘ノート」には、航空兵団に関する七項目をメモしている。石原がもっとも力を注いだ満州航空師団の強化であった。以下に列記（解説は犬飼總一郎氏）。

1、航空兵に特務制度、其他は長期又は特業者。

〔解説〕航空兵のことでは、戦力を増強させるため特務兵という後方支援の制度をつくる考え。いざ空中戦というとき、地上部隊の特務兵が食糧や弾薬等を手配してくれる。また飛行場が攻撃されたとき、対空兵器、高射砲などを準備してくれる。石原は飛行場大隊に補給要員としての特務兵を育てたかった。特業者とは、通信兵など、特殊兵のこと。この人たちは長期勤務となる。

2、飛行機定数増加。特に発動機予備五割程度。機上射手。

〔解説〕飛行機定数とは、各飛行集団の割り当て機数のことで、その割り当てを増やすということ。特に飛行機のエンジンなどを五割程度増やしてストックしておきたい。故障したときに取りかえができるからである。

3、飛行機空中勤務者及び飛行機場の一部は即時使用するが如くす。即ち飛行部隊は一日位の間に、出発、その他は続いて行き、戦地にて動員完了。

〔解説〕空中勤務者は、一日休ませて即時に使用する。ノモンハンでは、休む暇がなく飛行した。

4、理想としては常備艦隊の如く、即戦時体制にする。

〔解説〕飛行師団の理想像は、海軍の如く、常備艦隊がよい。いざ事が起きたとき、即座に行動できるからである。海軍にも通じていただけに、石原らしい考えで驚く。石原が、陸上航空隊のあり方を、ここまで考えていたとはびっくり。すごい考えだ。

5、耐寒装備の為、一週分整える事。将来耐寒装備の器材。

〔解説〕満州の冬は酷寒である。いざというとき、飛行機のエンジンが冷え切ってスタートがきかないことがある。そうならないための器材や飛行服など、耐寒装備を一週間分常備しておくこと。

6、下士官の採用

〔解説〕一般に各飛行隊には、下士官学校出の航空兵がくる。将校になるには、士官学校で四年半かかる。下士官は入学すると二年間の兵役。その二年間から下士官候補者としての教育を受ける。そこから操縦士、通信士、整備工になる。石原は、士官学校教育では遅いから、下士官を採用して教育することだ、と言っている。これもすごいアイデア。

7、職工

〔解説〕ここに言う職工とは、飛行機工場で働いている職人のこと。そういう職工を飛行場で雇い、エンジンの整備や取りかえ作業などをやらせる。整備兵ではエンジンの知識がない。多少の修理はできても、エンジンの取りかえはできない。石原は、エンジンの知識がある職工を、満州に呼び、起用しようという、実に大胆な発想である。

石原は飛行旅団の現状が、たったの十六飛行旅団しかないことから、近いうちに六十二旅団に急増しなければならないと考える。広い満州では、航空による作戦がものを言う。それには、現状の飛行旅団では不足で、飛行場も増やしたかった。

ソ連の整備を考えると、六十二旅団を配備し、いざ有事のときは空中戦と重爆戦が勝敗を決定することが分かりきっていた。

各地の師団を見て回った結果として、今ある五空軍旅団を三倍の十五空軍旅団に、一つしかない防空旅団を六旅団に、九旅団しかない地上協力旅団を三十四旅団に、一旅団しかない海軍協力旅団を五旅団に増やしたい考えである。

その他、新たに思いついたのが、教導旅団である。石原は三旅団、新しく配備したいと考えた。

なお、のちに「飛行旅団」は飛行師団へと変わった。一個飛行師団は、従来の三旅団で構成された。したがって、二十個師団と二旅団になる。

こうした石原案は、急には実現できなかったが、昭和十六年（一九四一）には、このときの石原構想がベースになって、実現されて行く。

だが、東条英機内閣で、石原が一番恐れ、また開戦前から、日米開戦に対して重大警告した日米戦に入った。

しかも陸軍は、昭和十六年七月、満州において特別演習を行なった。これはソ連を刺激することになる。

王道楽土の夢敗れて

陸軍の恒例の人事異動は四月である。

昭和十三年四月の内示で、陸軍大臣には北支那方面軍司令官の板垣征四郎、陸軍次官に関東軍参謀長の東条英機が内定した。

石原が航空旅団の増加や、方面軍司令部設置で、対ソ連軍戦備、および人造石油の開発や石炭増産、水力発電所の強化など、満州国家づくりに走り回っているさなかの五月上旬、東条はさっさと新京を去り、東京に出て陸軍次官の椅子に座っていた。

東条はまだ上司となる板垣の陸相発令前に、さっさと次官の椅子に座り、人事に手を出している。したがって、正確には一時的に、杉山元陸相、東条次官だったことになる。そのあと板垣陸相、東条次官となる。

東条は杉山陸相の下で、前任の梅津美治郎から事務を引き継ぐと、陸軍省の大幅人事に着手して、素案をつくり上げた。あとは板垣が北京から戻ってきて、押印するのを待つだけである。これほど無礼な人事はない。

したがって、通例の、陸軍大臣と次官、参謀次長、軍務局長の間で行なう人事を、板垣抜きでやった。

内示が出た五月、関東軍の参謀長には石原少将が起用されるだろう、とも言われた。ところが東条と梅津は、東条の後釜には、石原とはウマの合わない東条とは同期の第十師団長、磯谷廉介に決定した。

この人事は、「石原封じ」だった。なぜなら、磯谷は国民党の蒋介石とは師弟関係にあり、蒋介石がもっとも信頼した軍人だったからである。

蒋介石との和平交渉にこそ、磯谷が適任だったはずだが、対ソ連戦備の強化が急がれる満州へ、中将の磯谷をあえて送り込むのも、石原を押さえる人事としか言えない。

こうした人事も、対ソ戦備の強化と、満州国づくりに全力を尽くしている石原には、不満であった。

石原は、すでにこの時点で、満州を去る決意をしていた。なぜなら、昭和十三年五月十日、満州生まれの陸軍士官学校生の前で講演しているが、その中でこう語っているからである。

「諸君が国（満州）に帰られたら、二つの方面より不当な圧迫を受けるであろう。一つは日系軍官であり、一つは満軍の古き幹部である。しかし、男が大きなことをなすときは、かならず困難はつきまとう。両方より本当に信頼される諸君の力と精神で、諸君自らの運命を開拓しなければならない。今日の如き大きな転換期に起きてくる哀れむべき人間の迷妄を大きく呑み込んで、五年十年の後の、本当の勝利をつくれ。諸君の場合の本当の勝利とは、諸君の力で、真の満州国軍を建設することである」

このあと間もなくして、石原は板垣陸軍大臣に対して、「満州国内面指導の撤回要綱」をまとめて提出した。

その骨子は、「関東軍は満州国の政治に干渉すべきでない。国策決定機関として、協和会会長のもとに中央委員会を組織して国策を決定する」というものである。

また、「満州人の土地には、いかなる者も手を出してはならない。買い上げもしてはならぬ。満州産業の五ヵ年計画を実施すること。子供たちに官費で教育させること。日系官吏は、満州官吏よりも三倍の高給をとっているが、基本給は同額にすること」

そして、国防産業など特殊会社の指導を強化すること――などを書いた内容になっている。

石原は六月には、新任参謀長の磯谷にも提出した。八月にもう一度、同じ内容の「指導撤回」を、今度は植田軍司令官に提出した。

このときには、辞表を叩きつけるつもりで、覚悟を決めていた。前回とちがって、かなり具体的な内容になっている。たとえば、「国策決定機構の整備」の中では、

「協和会会長の下に、協和会の中枢者を以て中央委員会を組織し、国策の決定に当たらしむ」

「会長は本庄大将を推薦す」

「会長を学長とする協和大学を設立し、盟邦国家の同志的学者を教授とし、之に少壮有為の

研究生を配し、以て企画機関の中核を構成せしむ」

「国民学校は父兄の生活より飛び離れたる如き設備を厳禁す。特に農村に於て然り。国民学校は協和会をして経営せしむ」

最後に、「日本の責務」を、つぎのように明言して結んでいる。

「関東軍の内面指導を撤回するため、さらに日本としては速かに満鉄を満州国法人とし、関東州を満州国に譲与する英断に出ずると共に、日満間に共通なる経済も公正妥当に決定するべき協議機関を東京に設置するを必要とす。この機関は、盟邦国家中央統制機関の母体たるべし」

だが、植田は、「あい。分かった」程度で読み流し、ついに石原が描いた本当の王道楽土の満州は、生まれなかった。

アメリカが欲しがった満州は、ついにはソ連のナラズ者に襲撃され、一番恐れた共産国・中共のものになってしまった。

昭和十三年八月二十八日。石原は植田軍司令官に「予備役願い」（辞表）を出し、妻の錦子と二人、協和服に身をつつみ、官舎を引き払い、夜の新京を、誰に見送られるでもなく去った。

そして山形県鶴岡の郷里に帰り、百姓となって農耕に従事した。

東条英機が「米英ソと戦わねばならない」と講演し、板垣征四郎陸軍大臣の逆鱗《げきりん》に触れて陸軍次官を馘《くび》になるのは、石原が鶴岡に帰って間もなかった。

石原は、そのいきさつも知らず、ひたすら東亜連盟運動を広げていた。

石原構想の満州国になっていたなら、「満州は国際連盟で認められる満州人による満州国」となり、日本へのアメリカの経済封鎖は効をなさず、また太平洋戦争も起きなかったであろう。

あとがき

今日、石原莞爾《いしはらかんじ》が見直されつつある。若者の間で、石原莞爾を研究する人が増えはじめたことは喜ばしい。NHKでも、石原の中国観について従来の観点をかえはじめた。今頃になってやっと見直したか、と多少の不満は残る。が、参謀本部内で、石原が「中国と戦うな！」と言って大激論した昭和十二年九月のことが理解されたことでは、何かホッとするものがある。

石原莞爾といえば、「満州侵略」とか「下克上」とか「石原莞爾独走す」とか、間違った視点で決めつけられたところがあった。ある評論家は、石原を「虚飾家」と短絡した見かたをしている。

それらの「アンチ石原論」は、昭和六年の満州事変のみを取り上げている。それは実に間違った論点である。その後の石原の行動や言動を見れば、石原が侵略家でなく、満州人による満州国家づくりに燃えていたことが判然としている。

確かに石原は、当初、満州を日本のものにして、満州国家をつくり、日本を自衛する考えであった。「満州占有論」は、関東軍参謀になる以前に立案したものだが、大きくは次の三つの動機からであった。

第一点は、張作霖・学良親子をはじめ、馬占山ほか、各地で軍閥が勢いをつけ、在満州の日本人や、満州人に危害を加え、治安が乱れていた。石原は、満州はこのままではまとまった国にはならないばかりか、彼らには国を治める能力も知力もない、と判断した。したがって、日本が一時的に軍政を敷き、満州を占有して治める必要を感じた。そのことが、満州人を安心させる唯一の方法だと、過去の歴史から、結論づけている。

第二点は、必ずやってくる日米開戦（現に昭和十六年十二月、アメリカの経済封鎖が引き金となって太平洋戦争がはじまった）に備えるため、満州を開発し、食糧と工業資源を確保する必要があった。日米戦についてはベルリン留学時代に着想し、帰国後に「最終戦争論」をまとめている。

同時に、スターリンは満州を奪いかえす腹であることを察知していた石原は、対ソ連への軍備強化を急いだ。日本は北の守りと、欧米との戦争を控えていて、その中で石原は、日本国家づくりに苦慮する。

第三点は、関東大震災後の日本経済のダメージである。企業倒産と大量の失業者を抱え、日本政府は、打つ手がなかった。国民は喘《あえ》ぎ苦しみ、どう生きればいいのか、先が見えなかった。どこか今日（平成十五年）と似ている。

そうした暗い日本を救うためにも、石原は満州占有を決断するという大鉈《おおなた》を振るったのである。軍も政府も打つ手なし、参謀本部も統帥能力を失っていた。現在の満州では張学良、馬占山など軍閥に治安は乱されているさなかの、満州占有計画だった。手段はともかく、この満州事変というビックニュースに、沈痛な日々をすごしていた国民は、誰もが救われた。

多くの評論家諸氏は、ここまでの石原にウエイトをかけて論じている。しかし翌七年、石原は五族協和の精神を、満州人や日本の民間人の間で広め、「満州人による満州国家」という協和体制を築き上げる。

ようやく満州人による満州国ができ上がり、これからという矢さき、陸軍省による大幅人事異動が発令され、板垣征四郎を除くすべての参謀が、異動させられた。石原は無念の思いで満州を去らねばならなかった。しかしその後も、外務省出向時代及びジュネーブでの国連総会のさなかにあっても、満州国の国際承認を願い続ける。

石原を理解する上でもっとも重要なキーワードは、昭和十二年の参謀本部作戦部長時代の行動である。蒋介石と親しかった石原は、ソ連や中国共産党及びアメリカ、イギリス、ドイツに操られる国民党の蒋介石の立場を理解していて、満州以外の中国には干渉せず、日中戦争でも不拡大方針を取り続けた。そのことが彼の命とりになり、やがて九月末、ついに参謀本部を追われることになる。

植田謙吉軍司令官、東条英機参謀長がいる関東軍へとばされた石原は、それでも満州国家を安定させたく、ついには満州里にユダヤ入植地を提案し、五相会議で取り上げるなどして、対ソ連戦に備えた。

また、満州人の二世たちを励まし、満州国家づくりを託するなど、王道楽土の夢を描く。みずからも、十六師団長時代、昭和十六年に満州へ異動することになると、北満で乳牛を飼い、畑を耕し、一週のうちの五日間を自給自足の農作業に、残り二日間を軍事訓練に当てることにした。

だがその夢は、東条以下、陸軍省によって打ちくだかれた。それを「虚飾」と呼ぶには、余りにも無知すぎる。

いずれ私は、昭和十二年から十三年の石原莞爾を、日記をもとに、書き上げたいと思う。また大河小説も考えている。十二年から十六年（立命館大教授時代）の石原を描くことで、本当の石原の「国づくり」を理解できるからである。

平成十五年九月

早瀬利之

今回の「石原莞爾 満州合衆国」その他のテーマで次の方々にインタビューできたことは幸甚であった。あらためて御礼を申し上げたい。(順不同)

武田邦太郎氏、丸山光夫氏、仲條立一氏、中村静さん、河野信氏、照井欣平太氏、工藤正一氏、真山元輔・文子夫妻、草苅彦嘉氏、戸辺栄一氏、伊藤清孝氏、淵上千津さん、新井克輔氏、菅原良氏、鈴木和子さん、犬飼總一郎氏、秋保良氏他。

〔参考文献〕(順不同)「張学良と中国」松本一男　サイマル出版＊「満鉄調査部」山田豪一　日経新書＊「ゾルゲ事件」尾崎秀樹　中公新書＊「日中開戦」北博昭　中公新書＊「孫文と中国革命」野沢豊　岩波新書＊「秘められた昭和史」別冊知性＊「秘録石原莞爾」横山臣平　芙蓉書房＊「石原莞爾の悲劇」今岡豊　芙蓉書房＊「大本営機密日誌」種村佐孝　芙蓉書房＊「軍司令官の回想録」樋口季一郎　芙蓉書房＊「石原莞爾資料」角田順編　原書房＊「ある作戦参謀の悲劇」芦澤紀之　芙蓉書房＊「日中戦争」古屋哲夫　岩波新書＊「サキエル氏のパスポート」石黒健治　光人社＊「ドイツ参謀本部」渡辺昇一　中公新書＊「東条勝子の生涯」佐藤早苗　時事通信社＊「朝鮮戦争は誰が起したか」月曜書房＊「昭和の軍閥」高橋正衛　中公新書＊「東条秘書官機密日誌」赤松貞雄＊「石原莞爾」藤本治毅　時事通信社＊「片倉参謀の証言『叛乱と鎮圧』」片倉衷　芙蓉書房＊「満州事変と奉天総領事」林久治郎　原書房＊「キメラ――満州国の肖像」山室信一　中公新書＊「中国の歴史」貝塚茂樹　岩波新書＊「私と満州」武藤富男　文藝春秋社＊「満州帝国」児島譲　文藝春秋社＊「孤独な帝国」ポール・クローデル　草思社＊「松岡洋右(下)」豊田穣　新潮文庫＊「ユダヤ思想運動」四天王延孝　内外書房＊「満州事変『世界の孤児へ』」NHK取材班　角川文庫＊「ドキュメント昭和⑦」NHK取材班　角川書店＊「わが半生」溥儀　筑摩書房＊「石原莞爾選集(合本)」たまいらぼ出版＊「東亜連盟」第一〇号＊「東亜連盟」第二巻第四号＊「東亜連盟」第三巻二号＊「東亜連盟」第三巻六月号＊「東亜連盟」第三巻七月号＊「東亜連盟」第三巻八月、十一月、十二月号＊「永久平和の使徒石原莞爾」武田邦太郎／菅原一彪編＊「国防政治論」石原莞爾　聖紀書房＊「ユダヤ問題と日本の工作」犬塚きよ子　日本工業新聞社＊「大連特務機関と幻のユダヤ国家」安江弘夫　八幡書房＊「石原莞爾日記・備忘ノート」＊「石原莞爾将軍と過ごした日々」河野信＊「満州国と関東軍」新人物往来社＊「栄光と悲運」わが16師団通信隊＊「ロシア・ソビエト体制」野々村一雄　TBSブリタニカ＊外務省外交史料館＊鶴岡市石原莞爾資料館

平成十五年十月　光人社刊

NF文庫

石原莞爾 満州合衆国

二〇一八年三月二十日 第一刷発行

著 者 早瀬利之

発行者 皆川豪志

発行所 株式会社 潮書房光人新社

〒100-8077 東京都千代田区大手町一-七-二

電話/〇三-六二八一-九八九一(代)

印刷・製本 凸版印刷株式会社

定価はカバーに表示してあります

乱丁・落丁のものはお取りかえ

致します。本文は中性紙を使用

ISBN978-4-7698-3059-7 C0195

http://www.kojinsha.co.jp

NF文庫

刊行のことば

第二次世界大戦の戦火が熄《や》んで五〇年――その間、小社は夥しい数の戦争の記録を渉猟し、発掘し、常に公正なる立場を貫いて書誌とし、大方の絶讃を博して今日に及ぶが、その源は、散華された世代への熱き思い入れであり、同時に、その記録を誌して平和の礎とし、後世に伝えんとするにある。

小社の出版物は、戦記、伝記、文学、エッセイ、写真集、その他、すでに一、〇〇〇点を越え、加えて戦後五〇年になんなんとするを契機として、「光人社NF（ノンフィクション）文庫」を創刊して、読者諸賢の熱烈要望におこたえする次第である。人生のバイブルとして、心弱きときの活性の糧《かて》として、散華の世代からの感動の肉声に、あなたもぜひ、耳を傾けて下さい。